KB254024

Geniale Beziehungen

천재 부부들의 빛과 그림자

울라 필징 | 유영미 옮김

지호

천재 부부들의 빛과 그림자

올라 푈징 | 유영미 옮김

초판 1쇄 인쇄일 · 2002년 9월 16일
초판 1쇄 발행일 · 2002년 9월 25일

발행처 · 출판사 지호 | 발행인 · 장인용 | 출판등록 · 1995년 1월 4일 | 등록번호 · 제10-1087호 | 주
소 · 서울시 마포구 신수동 181-2(2층) 121-110 | 전화 · 713-5170 | 팩시밀리 · 713-5172 | 이메일 ·
chihopub@yahoo.co.kr | 편집 · 오지연, 천승희 | 영업 · 윤규성 | 디자인 · 오필민 | 종이 · 대림지
업 | 인쇄 · 대원인쇄 | 라미네이팅 · 영민사 | 제본 · 경문제책

ISBN 89-86270-72-2

나는 지상 최대의 목표를 이루었다.
교수라는 지위와 사랑하는 아내를 얻었기 때문이다.

헤겔

빛이 있으면 어둠도 있다

더 나은 미래를 위해

그래도 뭉치면 강하다 247

야심은 성별을 가리지 않는다

"누구와 삶을 나눌 것인지를 잘 생각하세요. 그리고 학자이면서, 아내이면서, 또 엄마로서의 삶을 살고 싶다면 결혼하세요." 1986년 12월 그 해 노벨 의학상을 수상한 이탈리아계 미국 여성 학자 리타 레비-몬탈치니[1]는 스톡홀름의 노벨상 수상식장에서 젊은 여성 학자들과 학자를 꿈꾸는 모든 여성들에게 이렇게 용기를 불어넣었다. 그러나 정작 리타 자신은 평생을 독신으로 지냈다. 스승이었던 빅터 햄버거와 오랫동안 가깝게 지냈고, 후에 열두 살 연하의 젊은 생화학자 스탠리 코헨과도 그랬지만 말이다. 함께 학문의 길을 걷는 사람들 중에서 책상과 침대, 둘 다를 공유하는 사람들은 그리 많지 않다. 또한 연구와 사생활을 함께 했던 학자 부부들 중 연구에서 빛나는 두각을 나타낸 부부도 아직까지는 그리 많지 않은 게 사실 이다.

그러나 18세기에도 이미 사랑과 학문으로 하나 되어 명성을

---

1) Rita Leve-Montalcini(1909-   ), 신경학자. 신경세포의 성장을 촉진시키고 영향을 주는 체내 물질을 발견한 공으로 스텐리 코헨과 함께 1986년 노벨 생리 · 의학상을 공동 수상했다.

얻었던 학자 커플들이 있었다. 널리 알려진 샤틀레 부인[2]과 볼테르, 마담 데피네[3]와 프리드리히 그림이 바로 그런 커플들이었다. 귀족 출신이었던 샤틀레 부인은 아이들에게는 무관심하고 냉담한 엄마였지만 학문적으로는 열정적인 수학자이자 물리학자였다. 프랑스 사람들이 아이작 뉴턴의 저작물을 읽게 된 것도 그녀의 번역 덕분이었다. 그러나 세인들은 그런 것들보다 그녀를 볼테르의 오랜 삶의 동반자로 기억하고 있다. 백과사전파 학자인 그림의 연인이었던 루이즈 데피네는 문학적인 재능을 빛냈으며, 인류의 발전과 교육에 남다른 관심을 가졌다. 저서《에밀과의 대화》에서 그녀는 모성에 대한 새로운 이해를 촉구하고 여성 교육을 열렬히 옹호했다. 샤틀레 부인과 마담 데피네에게 사랑과 가정은 자신의 지적, 정신적 발전을 위한 전제였다.

18세기 말 학문적으로 이름이 드높았던 또 한 명의 여성은 근대 화학의 창시자 안톤 라부아지에의 아내이자 그의 학문적 동료였던 마리안느 피에르트 라부아지에다. 그녀는 유명한 남편 곁에서 아름다움을 과시하는 아내 역할에 만족하지 않고 파리의 살롱에서 어엿한 학자로서 명성을 누렸다. 그녀의 관심 분야 역시 화학이었다. 그녀는 영국의 전문 서적들을 프랑스어로 번역했고, 남편

---

2) Châtelet(1706-1749), 프랑스의 수학자 · 물리학자 · 철학자. 뉴턴의 수학적, 물리학적 이론들과 라이프니츠의 인식론을 널리 알려 프랑스 과학에 많은 영향을 끼쳤다.　**3)** Madame d'Epinay(1726-1783), 18세기 프랑스의 진보적인 문학 서클에서 두각을 나타낸 여성.

의 주요 저작인《화학요로》에 들어가는 동판화 제작을 맡았다. 그리고 프랑스 혁명의 혼란 속에 남편이 단두대의 이슬로 사라지자《화학의 기적》을 출판하기도 했다.

그로부터 한 세기 후 영국의 대문호 로드 바이런 경의 딸인 아다 러블레이스 백작부인[4]은 27세 때 세 아이의 어머니로서 컴퓨터학의 수학적 기초를 고안해 냈다. 열일곱 살 때 가정교사와의 이루어질 수 없는 사랑에 대한 집착에서 벗어나고자, 처음으로 참석한 무도회 기간에 수학을 공부하기 시작했던 것이 아다를 수학자로 만든 계기가 되었다. 아다에게 수학을 가르쳐 준 사람은 펀치카드와 계산기 발명으로 유명한 찰스 배비지였다. 그는 수년에 걸쳐 아다의 수학적 걸음마를 도와 주고 후원했다. 그 후 아다는《인구이론》에 대한 책을 펴낸 러블레이스 백작 윌리엄 로드 킹과 결혼했고, 사망하기 4년 전에는 남편과 함께 영국 농업에서 기상학이 미치는 영향을 주제로 함께 논문을 쓰기도 했다.

이처럼 지식에 대한 갈증과 흥미, 행동에 대한 욕구와 어떤 분야에 헌신하고자 하는 열정은 결코 남성들만의 전유물은 아니었다. 야심은 성별을 가리지 않는다. 물론 19세기까지 여성이 학문의 길을 걷는 것은 아주 특별한 경우에 속했다. 학문의 길을 간 여성들은 매우 소수였고, 귀족 신분이 아닌 다음에는 자신이 여성이라

---

4) Augusta Ada King Lovelace(1815-1852), 영국의 수학자. 찰스 배비지의 디지털 컴퓨터의 원형에 맞는 프로그램을 짰다.

는 것을 숨겨야만 했다. 수준 높은 학문적 서신 교환에서조차 여성들은 남성적인 가명 뒤에 자신을 숨겼다. 프랑스의 수학자인 소피 제르맹[5]도 자신이 여성임을 숨긴 채 독일 수학자 칼 프리드리히 가우스와 서신을 주고받았다. 어쨌든 오랜 세월 동안 여성들의 학문적 이력은 용인될 수 있는 성질의 것이 아니었다. 그리고 그런 만큼 학문에 야망을 품은 여성과 결혼하기를 원한 남성들도 찾아보기 힘든 게 사실이었다.

물론 예외는 있었다. 19세기 후반 상트페테르부르크의 좌파 지식 그룹에서는 위장 결혼이 일약 여성 해방의 도구로 부상하기도 했다. 여성들이 아버지의 억압에서 벗어나는 길은 단지 결혼뿐이었고, 또한 보수적인 아버지들에게는 공부를 위해 딸을 외국에 보낸다는 것은 감히 생각할 수 없는 일이었기에, 지식에 목마른 젊은 여성들은 원치 않는 상대와 위장 결혼을 함으로써 해방과 학업이라는 두 마리 토끼를 잡을 수 있었다. 그런 결혼에서 배우자들은 상대방에 대해 어떤 권리도 주장할 수 없었을 것이다. 이런 결혼의 가장 유명한 예로 러시아 수학자인 소피아 코발레브스카야를 들 수 있다. 그녀는 1868년 열여덟의 나이로 훗날 고생물학자가 된 블라디미르와 결혼했다. 블라디미르는 소피아와의 이런 플라토닉한 관계에 동의했다. 그녀는 이 결혼으로 가족에게서 벗어나 남편

---

5) Sopie Germain(1776-1831), 프랑스의 수학자. 음향학 · 탄성학 · 정수론 연구에 크게 이바지했다.

과 함께 하이델베르크로 가서 공부하였고 나중에는 전 유럽을 혼자서 여행할 수 있었다.

[같은 영혼끼리의 결합]

학자들간의 결혼이 처음으로 사람들의 입에 오르내리게 된 것은 1903년 퀴리 부부가 공동으로 노벨 물리학상을 수상했을 때였다. 당시 마리 퀴리는 폴란드에 있는 오빠 요제프 스클로도프스카에게 보낸 편지에 "편지와 방문객들, 사진기자들과 저널리스트들이 몰려들고 있어요. 너무 정신이 없어서 땅을 파고 들어가 숨어버렸으면딱 좋겠네요."라고 썼다. 노벨상 수상은 수많은 사람들의 관심을 공동 연구를 해낸 이 부부와 연구를 가능케 한 상황에 집중케 했다. 마리와 피에르 퀴리에게는 정말이지 악몽 같은 일이 아닐 수 없었다. 훗날 퀴리 부부의 둘째 딸 이브 퀴리가 자서전에서 회고하고 있듯이 수백만의 이목이 "두 사람의 가장 은밀한 곳까지 파고들려 했기 때문이다."

퀴리를 둘러싼 소란은 진정되지 않았다. 누군가가 명성을 얻으면 늘 열정적인 관음증 환자들이 끊이지 않는 법, 하물며 학문적 연합을 이룬 커플은 관심의 대상이 되기에 충분했다. 이 부부를 묶어놓은 것은 무엇일까? 사랑일까? 아니면 섹스? 아이들일까? 끊임없이 호기심을 갖는 세상 속에서 부부 공동의 연구 작업은 정말이지 이 둘을 묶어놓는 완전한 접착제로 여겨지기 십상이었다. 그리고 그 두 사람의 공동 생활에서 가슴과 머리와 호르몬이 차지하는 비중에 대해 더욱 궁금해지게 만들었다.

그렇다. 복잡하게 생각할 필요가 없다. "끼리끼리 모인다"고 하지 않았던가. 비슷한 인격과 사회적으로 비슷한 상황에 있는 사람들끼리 결혼하는 것이 이상적이라는 것은 셰익스피어도 "같은 영혼끼리의 결합"이라는 말로 찬양한 바 있다. 부부가 삶을 공동의 바람, 동경, 관심으로 연결시킬 때 정신적인 작업에서 빛을 발할 수 있는 것이다. 어떤 분야에서건 두 사람이 이 남자, 또는 이 여자와 함께라면 자신의 분야에서 더욱 전진할 수 있겠다는 생각이 들 때, 서로 사랑에 빠지기 쉬운 게 사실이다.

이런 이유로 일찍이 학업에 뜻을 둔 여성들은 학문적 동료와의 결혼을 통해 자신의 발전 가능성을 모색했다. 18세기의 이탈리아 여성 라우라 바시도 마찬가지였다. 시민 계급 출신의 라우라 바시가 자랐던 이탈리아는 이미 200년 전부터 여성들의 학문 참여가 더 이상 낯설지 않은 분위기였다. 16세기 후반부터 수준 높은 문화를 자랑하는 북이탈리아의 궁정에는 학자들을 후원하는 귀부인들이 많았기 때문이다. 귀족 출신의 숙녀들은 이 후원자 역할을 퍽 마음에 들어했다. 여성들의 대학 입학이 허용되기 무려 300년 전부터 이미 제후의 궁전에서는 많은 귀부인들이 예술과 학문의 부흥에 상당히 기여하고 있었던 것이다.

궁정에서는 저녁 식사 후 철학적인 토론이 종종 벌어졌는데,

그것은 춤이나 노래와 같은 다른 여흥과 교대로 행해졌다. 여성들에게는 안성맞춤인 분위기였다. 말을 주거니 받거니 하는 철학적 토론은 궁정 오락의 일환이었다. 학자들이 신분상 귀부인들보다 아래에 있었기 때문에 토론의 주제를 정하는 것은 귀부인들 몫이었다. 물론 토론을 주도하는 것은 교육을 받은 남성들이었고, 신분이 높은 여성들은 가끔 질문을 제기하는 것 외에는 그리 많은 것을 하지 못했다.

그러다가 17세기, 런던의 "로열 소사이어티"와 파리의 "아카데미 프랑세즈" 같은 공식적인 학문 아카데미가 생기면서 귀족 여성들은 학문적인 영향력을 대폭 잃게 된다. 단지 사적으로만 의견을 개진할 수 있었을 뿐이었다. 여성들은 이제 인습화된 학문으로부터 소외되기 시작했고 학식을 갖추었다 해도 여성이 공식적인 아카데미 회원이 되는 것은 있을 수 없는 일이었다.

그러다가 17세기 제3의 기관이 등장하여 여성들의 주목을 끌었는데, 그것은 바로 파리의 살롱들이었다. 수준 높은 학식을 궁정의 우아함으로 위장한 파리의 살롱들은 여성이 이끌어가는 문화적 기관이 되었다. 물론 살롱에서 본격적인 학문이 이루어질 수는 없는 노릇이었다. 다만 학문적인 주제에 대해 토론하고, 학식있는 사제들에 대해 입방아를 찧는 정도였다. 하지만 살롱을 통해 귀부인들은 학자가 되고자 하는 젊은 남성들을 후원하며 때로는 매니저 역할도 자처했다. 배후에서 남성들의 이력을 좌지우지하는 귀부인들의 영향력은 상당했다.

그렇다고 17, 18세기에 학문에 관심이 있던 여성들이 모두 귀족 출신이었던 것은 아니다. 특히 오래 전부터 온 가족이 함께 가업을 일구었던 독일에서는 하층 계급 출신의 여성들 중 가업을 통해 남편이나 오빠, 또는 아버지의 도움을 받아 학문에 매진한 여성들이 적지 않았다. 천문학자 고트프리트 키르히의 아내이자 조수였던 천문학자 마리아 빙켈만, 천문학자 윌리암 허셜[6]의 여동생이자 동료였던 캐롤린 허셜[7], 그리고 동판화가 마테우스 메리앙의 딸로 식물학자이자 곤충학자이며 학술 탐험가인 마리아 지빌라 메리앙 등이 그런 사람들이다. 마리아 지빌라는 대부인 야콥 모렐에게 수공업적 기법을 배워 이것을 이용해 식물과 곤충과 나비를 관찰하고 그것들을 동판에 세밀화로 그려 넣었다. 350년 전에 태어난 이 여성 곤충학자는 사생활에서도 자못 현대적인 구미에 맞는 여성이었다. 왜냐하면 그녀는 동료 화가였던 요한 안드레아스 그라프와 결혼했다가 그것이 잘못된 결혼임을 깨닫자 바로 헤어졌기 때문이다.

역사가들은 이런 식으로 "가업"을 통해 가족 구성원과 함께 학문적인 일에 참여할 수 있었던 것이 학문에 관심이 있던 초기의

---

6) William Herschel(1738-1822), 독일 태생 영국의 천문학자. 천왕성을 발견했으며 항성 천문학의 기초를 세웠다. **7)** Caroline Lucretia Herschel(1750-1848), W. 허셜과 함께 발견한 세 개의 성운과 8개의 혜성에 관련된 계산의 상당 부분을 맡아 수행했다.

여성들에게 그나마 유리한 상황으로 작용했다고 본다. 실제로 여성의 대학 입학이 허용되기 전에는 집안에서 가업을 배우고 함께 일하는 것이 여성이 학문에 관여할 수 있는 유일한 길이었다. 그리고 여성의 대학 입학이 허용된 이후에도 오늘날 3대째 학문 전통을 잇고 있는 퀴리 가의 경우에서 보듯이 집안 차원의 학문 활동은 바람직한 네트워크로 드러나고 있다.

20세기 초에 들어 대부분의 유럽 국가들은 여성의 대학 입학을 허용했다. 그러나 그 이후에도 수십 년 동안 대학 공부와 학문 활동은 남성들의 전유물이었다. 그리하여 동료와의 결혼은 여성들에게 학문을 하기 위한 눈에 띄지 않는 출구였고, 그나마 드러내 놓고 동등한 학자로서 남성 연구자와 협력할 수 있는 유일한 수단이었다. 그러나 그에 대한 대가로 자신의 연구 업적이 남편과 남편의 이름, 그리고 남편의 지위와 성공에 종속되었고, 자신의 연구를 통해 독립적으로 주목과 인정을 받는 일은 거의 기대할 수 없었다.

그렇기 때문에 오늘날 학문사가들 앞에 놓인 주요 과제는 학자 부부의 공동 연구에서 여성 연구자들이 얼마만큼 기여했는지 그들만의 업적을 따로 분리해내는 것이다. 이는 결코 쉽지 않은 일이다. 왜냐하면 부부의 연구 작업을 둘러싸고 아직도 시대에 맞지 않는 성차별적인 신화가 만연해 있기 때문이다. 마리 퀴리의 경우가 좋은 예이다. 마리가 피에르의 학문적인 조수에 불과했던 것은 아닌지, 그저 머리 좋은 남편의 장식품이었던 것은 아닌지 하는 질문이 오랫동안 제기되어 왔다. 또한 이런 논의는 그동안 반대 방향으로 치닫기도 했다. 페미니스트들은 마리 퀴리는 말할 것도 없이 학문적 업적에 대한 뚜렷한 증거가 없는 밀레바 마리치나 클라라 임머바르 같은 여성들의 학문적 업적까지 필요 이상 부각시켰던 것이다.

[하나 더하기 하나의 결과]

학자 부부들은 식탁과 침대 같은 사적인 공간뿐 아니라 책상과 실험실 등 공적인 공간까지 공유한다. 그런 형태는 의사 소통과 협업을 위해 가장 효율적인 것이다. 함께 연구하고, 결과를 인식하고 그에 대해 저술하는 것은 극도의 친밀성이 있어야 가능하다. 또 그런 작업은 단시일에 끝나는 게 아니라 삶과 죽음의 끊임없는 순환을 넘어서는 일이기 때문에 더욱 그러하다.

이상적인 학자 부부들에게 있어서 감각적 욕구와 성 생활은 중요한 부분을 차지할 것이다. 그러나 성적인 측면은 그들의 정신과 감정의 유대를 보완하는 역할 이상의 의미는 없다고 해야 할 것이다. 두 사람의 결합은 감각적이고 성적인 면을 넘어 특별한 감정적인 뒷받침과 안정과 편안함을 주며, 그럼으로써 쉽게 학문적인 능률을 극대화시킬 수 있다. 이 결합은 개인적인 것과 함께 학문적, 사회적인 기회를 극대화하고 유연성을 확보할 수 있는 것이다.

주부와 학자라는 이중 역할을 강요받는 여성들은 이런 결합을 통해, 무엇보다 남편을 통한 네트워크를 통해 이득을 얻을 수 있다. 학문에 쏟는 시간이나 여가 시간을 남편과 더불어 융통성있게 쓸 수 있어 연구와 가정을 조화시키기가 쉽기 때문이다.

학자 부부들은 자신에게 주어진 현실에 맞게 독자적인 공동의 세계를 만들어 왔다. 가정과 학문이라는 결코 간단치 않은 두 마리의 토끼를 잡기 위해 친밀감과 창의성의 균형을 유지시키면서 공동 연구를 해나갔던 모습은 부부마다 각기 달랐다. 물질적으로 풍족했던 부부도 있었고, 세간의 인정을 받지 못해서 계속 가난에 찌들어 살았던 부부도 있었다. 또한 협동 연구의 종류와, 의미와, 기간과, 강도 역시 부부에 따라 판이하게 달랐다. 배후에서만 활동을 한 여성도 있었고, 공저자로서 공식석상에서 활동했던 여성도 있었으며, 심지어 남편에게 공식적으로 고용된 유급 연구원인 경우도 있었다.

그러나 솔직히 저술이나 원고 교정, 특정 주제에 대한 지속적인 대화 등 협동 연구를 통해 더 많은 도움을 받았던 것은 남편들이었다. 군나르 뮈르달을 비롯한 많은 남성들이 논문을 쓰면서 아내에게 타자를 치게 했다. 이것은 협동 연구에서 아주 흔히 볼 수 있는 풍경이다. 그러나 이런 실질적인 협업 못지않게 중요한 것은 상대방의 학문을 위해 고무적인 분위기를 만들고, 이야기를 들어주고, 대화를 나누고, 격려하고, 비판하면서 학문의 동반자가 되어주는 것이다. 그런 활동은 모든 학자 부부에게서 나타난다. 이상적인 경우인 퀴리 부부와 론즈데일 부부에서 볼 수 있는 것처럼 남편이 물심양면으로 아내가 학문의 길을 갈 수 있도록 뒷받침해 주었던 경우도 드물긴 하지만 있었다. 프랑스 출신의 사회학자 장 클로드 카우프만은 남편들이 더러운 빨랫감과 그 밖의 일상의 자질구레한 일들을 얼마나 감당하는가를 부부 관계를 평가하는 내시경으로 삼았고, 그런 일들을 기꺼이 처리해 준 남편들이 있었음을 뿌듯해 했다.

그러나 그에 반해 연구에서는 모르지만 사적인 영역에서는 여전히 전통적인 역할상이 고집스럽게 살아있었던 부부들이 많았다. 남녀 평등을 주장했던 뮈르달 부부도 그에 속했다. 뮈르달 부부의 막내 딸 카이는 이렇게 썼다. "…한 사람은 일방적으로 받고 한 사람은 일방적으로 주기만 했다. 어머니는 아버지가 쓰는 모든 글을 읽어야 했지만 아버지는 어머니의 글을 다 읽지 않았다. 그럼에도 아버지가 가족과 여성과 평화정책에 박식했던 걸 보면 그가 자신의 연구 과제들을 어머니와 연관시켜 생각했었던 것이다. 그랬다. 아버지는 정치적으로, 직업적으로 평등에 대한 권리를 옹호했지만 생활에서는 결코 평등을 실천하지 않았다. 그것은 정말이지 모순이었다."

하버 부부와 아인슈타인 부부의 경우 이런 전통적인 역할상은 아예 재고의 대상조차 되지 못했다. 그리하여 당시로서는 드물게 대학 교육까지 받았던 클라라 임머바르와 밀레바 마리치는 결혼 후 편집광적으로 학문적 이력을 쌓아가던 남편들과 대조적으로 교수의 아내로서, 주부로서, 엄마로서의 역할 밖으로 한 걸음도 더 나아가지 못했다. 그리고 학문뿐 아니라 결혼 생활도 결국 파경을 맞았다. 클라라 임머바르는 끝내 자살을 선택했고, 아인슈타인과 밀레바 마리치는 이혼에 이르렀다. 또한 재능있던 타탸냐 에렌페스트는 장기적으로 남편의 학문적인 발전을 따라잡지 못했고, 부부의 갈등이 극에 달했을 무렵 남편이 스스로 목숨을 끊었다.

이렇듯 하버 부부와 아인슈타인 부부, 에렌페스트는 부부는 공동 연구의 기회를 살리지 못했던 부부라고 할 수 있다. 그러나 그 외의 부부들은 공동 연구가 일생에 걸쳐 이루어지지는 않았다 하더라도 최소한 일시적인 공동 연구는 가능했다.

뿐만 아니라 몇몇 부부의 경우에는 공동 연구를 통해 혼자서는 도저히 해낼 수 없었을 학문적인 업적을 이루고, 전공을 뛰어넘는 개가를 이루기도 했다. 마리 퀴리의 혁신적인 박사학위 주제는 원래 다른 연구에 몰두하던 남편 피에르를 방사화학이라는 새로운 학문으로 이끌었으며, 노다크 부부 역시 함께 있어서 힘을 발휘했던 부부였다. 또한 뮈르달 부부도 역시 결혼으로 각자의 경험과 견해를 연결시킴으로써 성 역할 배분에 대한 빛나는 저서를 쓸 수 있었다. 개별적인 재능을 단순히 합한 것 이상의 힘을 발휘할 수 있는 것이 바로 학자들의 결혼이다. 영국의 사회학자 시드니 웨브가 아내 비어트리스 포터에게 학자들간의 결혼이 얼마나 괜찮은 것인지 설명하면서 했던 말처럼 더이상 남편을 사랑하지 않더라도 최소한 동료로서 협동 연구를 할 수 있으니 말이다. 그런 관계에서 1 더하기 1은 2가 아니라 11이다.

[결 합 의 빛 과 그 늘]

1903년 처음으로 부부가 함께 노벨상을 수상했다. 주인공은 마리와 피에르 퀴리! 그로부터 한 세대 후, 이번에는 퀴리 부부의 딸 이렌이 사위 프레데리크 졸리오와 함께 똑같은 성공을 되풀이했다. 그리고 세번째로 스톡홀름의 노벨상 수상대에 함께 오른 부부는 1947년 노벨 의학상을 수상한 게르티와 칼 코리였다. 이다와 발터 노다크는 30년대에 연속 다섯 번이나 노벨 화학상 공동 후보로 추천되었으며, 노벨 물리학상 수상자인 마리아 괴퍼르트 마이어[8] 역시 동료와 결혼해서 일시적으로 공동 연구를 한 바 있었다. 1982년 멕시코의 알폰소 가르시아 오블스와 함께 군비 축소에 대한 적극적인 참여로 노벨 평화상을 받은 알바 뮈르달도 마찬가지였다. 남편 군나르 뮈르달과의 공동 연구가 없었다면 1970년의 독일 서적 출판 협회의 평화상, 1981년의 국제 의사 소통을 위한 자와할랄 네루 상을 비롯한 수많은 상도 받지 못했을 것이다.

학자 부부들이 결혼하는 이유는 서로 사랑해서 가정을 이루

---

8) Maria Göeppert Mayer(1906-1972). 독일의 물리학자. 원자핵이 지닌 미세한 성질을 양성자와 중성자로 이루어진 껍질구조로 설명하여 1963년 노벨 물리학상을 받았다.

어 삶을 나누고 싶어서이기도 하지만 공동의 학문적인 관심을 위해 함께 연구하고 싶어서이기도 했다. 물론 둘이서 하는 연구가 언제나 멋진 결과들을 가져온 것은 아니라 해도, 그리고 몇몇 부부의 경우 좋은 기회를 잘 활용하지 못했을지라도 말이다.

학자 부부들의 공동 연구에서 재미있는 것은 남편과 아내가 연구 과정을 어떻게 분담하고, 그로부터 얻은 성공을 어떻게 나누는지, 그들 중 누가 겉으로 드러나는지 하는 것이다. 성공을 공평하게 함께 나누었던 커플부터, 공동으로 쓴 논문이 남편의 이름으로 발표되는 등 아내의 업적을 남편이 가로채는 커플까지 양상은 다양하다. 이처럼 각기 다른 양상들은 부부 관계의 권력 구조를 보여준다고 하겠다.

극히 드물지만 마거릿 미드의 두번째 남편이었던 인류학자 레오 포춘처럼 아내의 그늘에 가려 부담을 느껴야 했던 남성들도 있었다. 그는 미드와의 결혼 후, 이제는 어떤 책을 써도 자신만의 독자적인 업적으로 평가받지 못할 거라며 우려했다. 그러나 대부분의 경우 남편보다는 아내 쪽이 소위 "마태 효과"의 희생자가 되는 경우가 많았다. 미국의 사회학자 로버트 K. 머턴[9]은 "가진 자는 더 가질 것이요."라는 성경 구절처럼 이런 메커니즘이 미치는 영향을 확실하게 제시했다. 이미 어느 정도 이름있는 학자들은 똑같

---

9) Robert King Merton(1910-), 미국의 사회학자. 과학사회학 · 직업론 · 사회학 이론 · 대중 매체 등 여러 분야를 연구했다.

은 연구 업적을 가지고도 신참내기보다 더 주목을 받을 수 있다는 것이다. 그에 있어 신참의 운명은 여성의 운명과 비슷해 보인다.

그리하여 미국의 여성 사회학자인 마거릿 로시터는 머턴의 "마태 효과"를 "마틸다 효과"로 바꾸어 적용했다. 부부 공동의 연구 작업으로 남편 혼자 사회적 인정을 독차지하게 되는 경우가 많다는 것이다. 로시터는 여성 학자들이 남성에 비해 인정받기가 어려운 것은 성 차별 때문이며, 이것이 바로 젊은 여성 연구자들의 딜레마라며, 여성이 학문적 명성을 얻고 자신의 연구를 관철시키기가 어려움을 강조했다. 이런 차별에 대항하여 반드시 어떤 조치가 취해져야 할 것인데, 퀴리 부부는 마리 퀴리에 대한 "마태 & 마틸다 효과"의 영향을 최소화하기 위해 영리한 작전을 펼쳤던 부부로 꼽힌다.

퀴리 부부 외에도 사회학자들이 마태 & 마틸다 효과를 극복한 커플로 꼽는 몇몇 진보적인 부부가 있다. 그 중 하나는 마리안네와 막스 베버 커플로 마리안네 베버는 유명한 음악가 막스 베버의 미망인이자 변호사로, 그리고 남편만큼 유명한 알프레트의 처형으로 프라이부르크에 있는 남편 동료의 집에서 공부를 했으며, 여권 운동가이자, 작가이자, 사교계 여성으로 이름을 날렸던 여성이다. 그리고 1907년 막스의 도움을 받아 《아내와 어머니의 권리 신장》이라는 두꺼운 저작물을 발표했다. 그 책에서 그녀는 새로 성문화된 법에 만연한 성차별주의와 가부장제에 격렬한 반항의 목소리를 높였다. 그 밖에 당대 미국의 유명한 사회학자 커플이었던 도로시 스웨인과 윌리엄 토머스 부부도 자못 진보적인 커플로 꼽힌다. 도로시 스웨인 토머스는 일찍이 학문적인 명성을 얻은 여성으로 스물일곱 살의 나이에 남편과 함께 〈미국의 어린이〉라는 논문을 발표했다. 또한 1933년 〈마리엔트 계곡의 실업자들〉이라는 사회학 연구 논문을 공동 저술하여 세계적으로 유명해진 마리 야호다와 폴 라자스펠드[10] 부부도 꼽을 수 있다. 이 두 젊은 오스트리아인 학자들의 3년간의 결혼 생활은 딸 하나를 두고 파경을 맞았지만, 그후 각자 미국으로 이민을 간 뒤 다시 만나 동료로서 공동 연구를 했다.

어쨌든 이 책에서는 공동 연구의 잠재력을 가졌던 학자 부부들을 다룰 것이다. 살아간 시대와 나라, 분야가 달랐을지라도, 그리고 결혼 생활이 모두 해피 엔드로 끝나지는 않았더라도 그들에게는 최소한 하나의 공통점이 있었다. 그것은 그들 모두 중류 계층 출신으로 젊은 시절 주변의 애정 어린 학문적 후원을 경험했고, 그로부터 동료 학자를 배우자로 맞는 것에 아무런 거부감을 느끼지 않을 만큼의 열린 시각을 가지고 있었다는 점이다.

여기 소개하는 대부분의 부부들은 서로 나이 차가 별로 나지 않는데, 이것은 상호 이해적이고 평등한 관계, 특히 남편들이 학문

---

10) Paul Falix Lazarsfeld(1901-1976). 오스트리아 태생의 미국 사회학자. 미국과 유럽에서 사회학의 학문적 지위를 확립하는 데 이바지하였다.

적 야망이 있는 아내들과 평등한 관계를 이루는 데 유리하게 작용했으리라 생각된다. 부부의 나이 차가 많이 나서 결혼 당시, 통념에 맞게 남편이 가족 부양자로서 직장에 몸담고 있었던 경우는 여기서 다루게 될 열세 쌍의 부부 중 둘뿐이다. 대부분의 부부는 동갑이거나 남편과 아내의 나이 차가 별로 나지 않았고, 심지어 아내가 남편보다 두세 살 더 많은 경우도 있었다. "남편이 아내보다 나이가 많아야 한다"는 고정 관념이 오늘날까지도 지배적인 것을 생각하면 당시 이미 이런 고정 관념을 거슬렀던 학자 부부들은 이런 면에서도 용기와 참신함을 보여준다 하겠다.

학문을 위해 결혼을 택하다

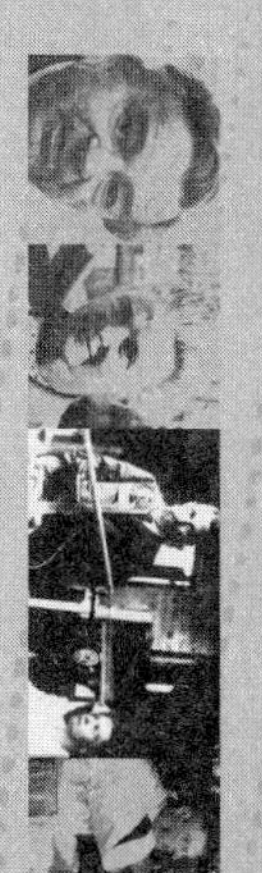

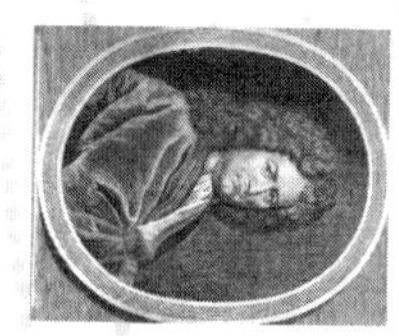

남편의 이름으로 발표한 논문 | 마리아 & 고트프리트 키르히

마리아 빙켈만 Maria Winkelmann(1670-1720)
학문을 위해 30년이나 연상인 천문학자와 결혼한 여성 학자. 1702년 혜성을 발견했지만 남편의 이름으로만 발표되었다. 남편의 조수로, 나중에는 아들의 조수로 평생을 천문학 연구에 바쳤지만 아카데미에는 끝내 받아들여지지 않았다.

고트프리트 키르히 Gottfried Kirch(1639-1710)
두 번의 혜성 발견으로 유명한 독일의 천문학자. 1680년에 혜성을 발견하고 또 1702년 아내와 함께 한 연구를 발표하여 명성을 얻었다. 베를린 과학 아카데미를 중심으로 활약했다.

1709년 베를린의 프리드리히 1세의 궁정에 머물던 덴마크 대사가 왕립 천문대를 방문했을 때, 그는 거기서 상한의[1]와 진자, 망원경을 능숙하게 다루며, 별과 그 궤도에 대해 상세히 설명할 줄 아는 한 여성을 만났다. 대사는 깊이 감동하여 두고두고 그 여성에 대해 칭찬을 했다. 그녀는 바로 베를린 과학 아카데미에서 남편 고트프리트 키르히의 연구를 돕고 있던 마리아 빙켈만이었다.

물론 마리아 빙켈만이 당시 유일한 여성 천문학자였던 것은 아니다. 1650년과 1750년 사이 독일에는 그녀말고도 능력있는 여성 천문학자가 몇 명 더 있었다. 마리아 쿠니츠, 엘리자베트 헤벨리우스, 마리아 아임마르트, 그리고 마리아 빙켈만의 딸 크리스틴과 마가레테가 그들이다. 천문학이 당시 남성들만의 전유물이 아니었던 것은 17세기 말 독일에서 천문학 연구가 이루어진 과정 때문이었다. 당시 천문학은 일종의 수준 높은 가내 수공업 정도로 여겨졌고, 따라서 부인과 딸들에게도 참여 기회가 허락되었다. 학문으로서가 아니라 생업 차원에서 말이다. 여성들은 가족 소유의 천문대에서 아버지와 남편에게 훈련받아 조수와 동료의 역할을 담당했다.

마리아 빙켈만은 이 시기의 가장 유명한 여성 천문학자였다. 그녀는 천문학자 고트프리트 키르히의 부인이자 조수로, 별 관찰

---

1) 90도의 눈금이 새겨져 있는, 부채 모양의 천체 고도 측정기.

과 천문학적인 별의 위치 계산에 능숙했고 10년 동안 프로이센 과학 아카데미에서 남편을 도와 보조 천문학자로 일했다. 그러나 1710년 남편 고트프리트 키르히가 세상을 떠나자 그녀의 일도 끝이 났다. 남편과 함께 하던 달력 생산을 계속해 가며 남편의 빈 자리에서 일하고 싶다는 탄원서를 냈지만 아카데미는 그 제안을 받아들여 주지 않았다. 한낱 조수로 일했던 사람, 더군다나 여성에게는 더 이상 기회가 주어지지 않았다.

사실 지식이나 경험이나 능력, 어느 면으로 보더라도 마리아는 남편의 자리를 잇기에 부족함이 없었다. 마리아 빙켈만은 파니츠슈 출신의 개신교 목사의 딸로 태어나 어렸을 때부터 아버지와 삼촌으로부터 예술과 학문을, 가까운 친지였던 좀머펠트의 학자 크리스토프 아놀드로부터 천문학을 배웠다. 크리스토프 아놀드는 마리아에게 천체 관찰법을 가르쳐 주고 몇 년 뒤 그녀를 자신의 조수로 삼았다. 마리아 빙켈만이 남편 고트프리트 키르히를 처음 만난 것도 바로 아놀드의 집에서였다. 마리아보다 30년이나 연상인 고트프리트 키르히는 이미 10년 전에 혜성을 발견한 꽤 이름있는 천문학자였다. 키르히는 이론과 실험 능력을 겸비한 사람으로 예나 대학에서 수학을 공부했고 이어 단치히의 천문학자 요하네스 헤벨리우스[2]의 개인 관측소에서 일하고 있었다.

---

2) Johannes Hevelius(1611-1687), 폴란드의 천문학자.

18세기 두 번의 혜성 발견으로 유명한 고트프리트 키르히

돌아가신 아버지를 대신했던 마리아 빙켈만의 삼촌은 마리아가 자신이 추천하는 젊은 루터교 목사와 결혼했으면 하고 바랬다. 그러나 마리아는 고집을 세워 자기보다 나이가 두 배나 많은 천문학자와 결혼했다. 키르히와의 결혼은 직업적인 상승을 약속해 주는 것이었다. 이제 저명한 학자의 조수로 일하게 되었으니 말이다.

키르히 역시 마리아와의 결혼을 기뻐했다. 홀아비였던 그는 집안 살림을 돌볼 뿐 아니라 관측소에서도 능란하게 일을 도울 수 있는 젊은 마리아 빙켈만을 훌륭한 재혼 상대로 여겼다. 마리아는 키르히의 천체 관측에 함께 참여했고 가족의 주 수입원인 달력 만드는 일에도 함께 했다.

1700년 5월부터 키르히 부부의 학문적 토대는 더욱 견고해졌다. 고트프리트 키르히가 새로 설립된 베를린 과학 아카데미의 첫 번째 천문학자로 고용되었던 것이다. 마리아는 거기서도 그를 도와 일했다. 물론 베를린 과학 아카데미로부터 공식적으로 고용되지 않은 상태로 말이다. 그러나 그녀는 거기서 보조 역할로 만족하지 않고 독자적으로 연구를 계속 했다. 매일 저녁 9시면 마리아는 망원경 앞에 앉아 천체를 관찰했다. 그리고 1702년 4월 22일 밤 2시경, 모두 깊은 잠에 빠진 시각 그녀는 낯선 혜성을 발견했다. 그녀는 곧장 남편을 깨웠고 남편은 그녀가 발견한 것을 확인했다. 몇 시간 전까지 창공을 보고 있었으면서도 아무런 변화를 눈치채지 못했던 키르히는 아내의 예리한 천문학적 발견을 진심으로 칭찬해 주었다.

그녀는 자신의 발견을 정교한 잉크 글씨로 깨끗하게 기록했고 이 글은 200년 후 부지런한 학문사가에 의해 사본으로 공개되기도 했다. 한편, 혜성을 발견했다는 소식은 빠르게 퍼져나가 금방 왕에게까지 전해졌다. 갓 설립된 베를린 과학 아카데미의 첫번째 결실이었던 것이다. 그러나 왕 앞에서, 그리고 전문지인 「학술기요」에 이 성과에 대해 공식적인 보고를 한 사람은 마리아 빙켈만이 아닌 남편 고트프리트 키르히였다. 1680년 이미 커다란 혜성을 발견해 유명했던 키르히는 그로써 1702년 새로운 혜성의 발견자로 더욱 명성을 얻게 되었다.

그러므로 마리아 빙켈만이 이미 300년 전에 그 유명한 "마태 효과"의 희생자였다고 할 수 있을까? 자신의 정신적인 재산을 부당하게 남편에게 빼앗긴 마틸다의 역할을 하게 되었다고? 학문사가들은 그렇게 보고 싶어할지도 모른다.

하지만 마리아 빙켈만이 자신의 이름으로 저술을 발표하지 못하고, 자신의 권리를 공공연히 주장하지 않은 이유는 평범한 기술적인 이유에서였던 것 같다. 그녀는 당시 공식적 학문 언어로 통용되던 라틴어로 보고서를 완성할 만큼 라틴어에 능숙하지 못했던 것이다. 학자 남편이 아니었다면 마리아의 발견은 증명되지 못했을 것이었다. 4월 21일 밤 혜성을 발견한 후 키르히 부부는 이틀 밤을 더, 계속해서 혜성의 궤도를 관찰하고 확인했다. 그들은 관찰이 끊어지지 않도록 평소처럼 시간대를 나누어 관찰을 분담했다. 또 혼자서는 포착할 수 없는 혜성의 진행 상황을 놓치지 않으려 함께 망원경 앞에 앉아 있기도 했다.

키르히는 부부 공동의 이름으로 발견한 것에 대해 자세히 발표를 했고 새로운 혜성의 발견자가 되었다. 어쩌면 고트프리트 키르히는 이 일로 명성을 얻는 것이 두려웠을지도 모른다. 자신의 연구에서 어쩔 수 없이 아내의 몫을 고백해야 한다는 생각에 말이다. 그러나 누군가가 그를 고무해 주었던지 혜성을 발견하고 8년이 지난 1710년, 즉 첫 발표 후 8년이 지난 후 베를린 아카데미의 소식지「베를린 총서」1권에 실린 혜성에 대한 그간의 연구 보고에서 키르히는 "1702년 4월 21일 나의 아내가 뜻밖에도 혜성 하나를 발견했다"는 말로써 기사를 시작하고 있다.

[선 구 자 로 서   겪 는   수 난]

천문학자로서의 명성은 남편에게 돌아갔을지라도 마리아 빙켈만은 베를린 아카데미를 중심으로 왕성하게 활동했고, 나름대로 천문학을 계속해 나갔다. 마리아는 개인적인 연구 여건을 개선하기 위해 아카데미와 궁정으로부터 재정적인 후원을 얻어내려 애썼다. 가족이 살 집을 마련하고 그곳에 공동의 실험실을 마련하기 위해 그녀는 1707년 11월 아카데미 원장인 빌헬름 라이프니즈[3]에게까지 편지를 썼다. 그 편지에서 영리한 그녀는 우선 자신이 관찰한 북쪽 별들에 대한 상세한 설명을 곁들인 후 본론에 들어갔는데, 라이프니츠는 마리아의 관찰에 흥미를 보여 그 후 몇 년간 마리아와 이 대철학자 사이에 서신 왕래가 지속되기도 했다. 마리아가 받았던 라이프니츠의 편지는 남아있지 않지만 "키르히 부인"의 편지는 지금도 라이프니츠 박물관에 잘 보관되어 있다. 1709년 라이프니츠는 마리아 빙켈만을 프로이센 궁정에 소개했고 거기서 그녀는 태양의 흑점에 대한 연구를 발표하기도 했다.

---

3) Gottfried Wilhelm Leibniz(1646-1716), 독일의 철학자 · 수학자 · 정치고문. 탁월한 형이상학자이자 논리학자로서 미적분의 독창적 발명으로 유명하다.

1702년 발견한 혜성에 대한 공식 보고를 남편에게 위임하긴 했지만 마리아 빙켈만도 자신의 연구 결과를 세간에 발표하는 것을 주저하는 타입은 아니었다. 1709년과 1711년 사이에 그녀는 자신의 이름으로 세 개의 논문을 발표했다. 이 논문들에는 그녀의 점성술적 관심이 명백히 나타나 있다. 그녀는 순수 학문뿐 아니라 별점 같은 대중적이고 실용적인 주제에 관심이 많다는 비평에 개의치 않았다.

천문학과 점성술은 키르히 부부가 베를린 과학 아카데미의 하청을 받아 만들었던 달력 제작과도 연관되었다. 아카데미는 왕의 허락을 받아 달력 제작, 판매와 비단 생산을 독점하고 있었고 그것이 아카데미의 주 수입원이었다. 키르히 부부는 달력에 태양과 달과 지구의 위치를 천문학적으로 정확히 제시했을 뿐더러 머리를 자르는 때는 언제가 좋은지, 사혈(18세기 유럽에서 치료 목적으로 행하던 피 뽑기)에는 언제가 적당한지, 아이를 낳는 데는, 씨 뿌리는 데는, 벌목하는 데는 언제가 좋은지 등 일상 생활을 위한 온갖 조언을 담았다. 달력에는 일기예보까지 수록되어 있었는데, 일기예보를 위해 키르히 부부는 꾸준히 기상 일지를 써나갔다. 마리아 빙켈만은 몇 년에 걸쳐 하루도 빠짐없이 기압과 기온을 기록하여, 매년의 날씨를 비교 분석함으로써 더 정확한 일기예보를 제공하고자 애썼다.

1710년 7월 고트프리트 키르히가 71세를 일기로 사망했을 때, 그 다음해 아카데미 달력이 제때 나올 수 있겠느냐는 것이 문 젯거리로 떠올랐다. 그러자 마리아 빙켈만은 바로 키르히의 후임 으로 일하겠노라고 지원했다. 그녀는 자신의 오랜 천문학적 경험 과 능력을 강조했다. 심지어 남편이 병석에 있는 동안 이미 자신이 달력 제작을 해 왔는데 그것을 남편의 이름으로 내보냈다는 사실 까지 밝혔다.

그러나 라이프니츠의 변호도 별 소용이 없었다. 1년 반 동안 애타게 노력했지만 마리아 빙켈만의 청은 받아들여지지 않았다. 이미 오랫동안 비공식적으로 아카데미에서 일해 왔음에도 불구하 고 아카데미 측에서 왜 그렇게 공식 고용을 꺼렸는지 그녀는 결코 알 수 없었다. 그것은 그녀가 대학 졸업장을 가지고 있지 못해서가 아니라, 마리아의 고용이 그녀처럼 비공식적으로 일하는 많은 여 성들에게 본보기가 되지 않을까 하는 아카데미 측의 우려 때문이 었던 것 같다. 아카데미는 탐탁지 않은 지원자를 떨쳐 버리는 대신 마리아로부터 남편의 생전의 노트를 40탈러라는 후한 금액에 사 주었으며, 그녀와 자녀들이 한동안 키르히의 관사에서 생활하도록 배려해 주었다.

물론 관측소를 드나드는 것은 엄격히 금지되었다. 그럼에도 불구하고 마리아 빙켈만은 천문학 연구를 포기하지 않았다. 그녀 는 남편과 자신이 베를린 아카데미에서 일하기 전에 오랫동안 몸 담았던 프레데리크 폰 크로지크 남작의 개인 천문대를 이용해 천문학 연구를 계속했고 논문을 발표했다. 그리고 한편으로는 브레슬라우와 뉘른베르크 시의 하청을 받아 달력을 제작해서 아이들을 부양했다.

폰 크로지크 남작이 죽자 2년간 조수 자격으로 단치히의 수학 교수 밑에서 생활하기도 했다. 그리고는 1716년 라이프치히 대학에서 천문학 공부를 마친 아들이 프로이센 아카데미 천문대에 취직을 하자 딸들을 데리고 아들을 따라 베를린으로 돌아왔고, 이전의 활동 무대였던 아카데미를 뒷문으로 드나들며 하늘을 관찰하고 달력을 만들었다. 이번에는 아들의 조수로서 말이다.

그러나 그녀의 그런 행동은 아카데미의 상부에 곧 눈엣가시처럼 여겨졌고, 마리아는 아들의 출세에 손상을 주지 않으려 더욱 활동을 자제해야 했다. 그럼에도 1717년 아카데미는 그녀를 공식 추방했고 마리아는 이제 집에서 빈약한 기구들을 앞에 두고 관찰을 계속할 수밖에 없었다. 그런 상황에서 신통한 연구 결과가 나올 리 만무했다. 절망적으로 연구를 거듭하던 마리아는 그로부터 3년 후 열병으로 세상을 떠났다. 그리고 딸들인 크리스틴과 마가레테가 자신과는 달리 천문학자로서 좀더 영향력있는 자리에서 연구했으면 하던 그녀의 바람 역시 수포로 돌아갔다.

두 딸들은 어려서부터 부모에게 천문학 수업을 받았고, 평생 독신으로 지낸 오빠 크리스트프리트의 보이지 않는 조수 역할을 했다. 그러나 크리스틴도, 마가레테도 어머니처럼 공식적인 자리에는 고용되지 못한 채, 1740년 오빠가 죽자 천문대에서 완전히 손을 떼야 했다. 딸들에게도 역시 아카데미 천문대의 문턱은 넘을 수 없는 장벽이었다. 그리고 바야흐로 천문학도 더 이상 가업이 아닌 어엿한 학문으로 정립되고 있었다.

유럽 최초의 여성 교수 | 라우라 바시 & 귀제페 베라티

라우라 바시 Laura Bassi(1711-1778)

이탈리아의 물리학자. 뛰어난 재능으로 일찍부터 주목받아 결국 유럽 대학 최초의 여성 교수가 되었다. 볼로냐 대학의 교수뿐 아니라 볼로냐 과학 아카데미의 회원 자리까지 얻는 등 화려한 명예를 얻지만 '똑똑하고 말 잘하는 마스코트' 이상의 대접은 받지 못했다. 스왈라치와 볼타 같은 젊은 과학자들을 후원했다.

귀제페 베라티 Guiseppe Verati(1707-1793)

이탈리아의 의학자. 아내 바시와 함께 당시 미개척 분야인 전기학 분야를 연구했으며, 대학 교수로 임명된 아내의 권한 대행자였다. 유명한 여장부 바시와의 결혼을 두고 세간에서는 그녀의 명성에 "흠집"이 났다고 말들이 많았지만 둘은 8명의 자녀를 둔 행복한 부부였다.

"시골의 공기는 그를 더 풍만하게 만들어 전에는 기미조차 느끼지 못했던 곳에서까지 풍만한 가슴이 보이네. 철학은 이것을 더욱 살찌우려 하네. 그것은 다른 모든 학문을 살찌울 젖줄이 될 것이므로." 자못 외설적으로 느껴지는 이 글은 볼로냐의 문인 기암 피에트로 자노티가 1732년 8월, 이탈리아의 가장 유서깊은 대학의 철학 신동으로 막 박사학위를 취득했던 라우라 바시를 비유하여 쓴 글이다. 라우라 바시는 여성들의 학문적인 야망이 극히 드물었던 시대에 굉장한 학문적 커리어를 쌓고, 여자로서는 최초로 유럽 대학의 교수가 되었던 여성이다. 라우라 바시는 18세기 볼로냐의 사교계에서 회자되던 대표적인 여성 성공 스토리의 주인공이었다. 이런 성공의 이유는 무엇보다 당시 통상적인 동시대의 여성상을 뛰어넘은 그녀의 대담한 용기 덕분이었다. 물론 외모에서 풍기는 매력 또한 그녀의 성공에 일조를 했다. 그녀는 그 매력으로 영향력있는 남성들을 자신의 후원자로, 자신의 성공을 고향의 영광으로 만들 줄 알았으니까 말이다.

이탈리아 여행에서 바시를 만난 영국인 찰스 버니는 그녀를 "교양있고 지적이면서도 전혀 여성다움을 잃거나 잘난 체하지 않는 여성"이라고 극찬했다.

라우라 바시는 1711년 변호사의 외동딸로 태어나 다섯 살 때부터 사촌들에게서 라틴어를 배우기 시작하여, 여덟 살이 되자 라틴어 문법을 완전히 마스터하고 유창하게 말할 수 있었다. 그리고

배운 처자로서의 의무로서, 또 자신의 강의실을 순조롭게
집으로 옮기기 위해 결혼을 택한 라우라 바시

열세 살 때부터 가정 주치의였던 대학교수 가에타노 타코니로부터
철학 수업을 받기 시작했다. 가에타노 타코니는 그녀에게 논리학
과 형이상학과 자연철학을 가르쳤으며, 무엇보다 학문적인 토론을
이끌어나가는 법을 가르쳤다.

당시 다양한 규모로 열리던 학술 토론회는 대학 도시 볼로냐
에서 사교 생활의 정수였다. 타코니 교수는 바시의 부모의 집에서
열린 파티에서 재능있는 제자 라우라 바시의 수사학적 재능을 처
음 선보였고 1732년 4월 17일 볼로냐 시청의 홀을 빌어 제자를 위
한 공식적인 학술 토론회를 열었다. 영리한 아가씨가 주인공이 된

토론회는 대단한 센세이션을 일으켰다. 일곱 명의 아카데미 회원과 스무 살의 앳된 여성의 주거니 받거니 하는 토론의 향연에 원로원과 시의회 위원들, 대주교와 교황의 사절까지 참석했다. 라우라 바시의 거침없고 유창한 말솜씨는 그녀에게 특별한 영광을 안겨주었다. 볼로냐 시는 고대 지혜의 여신 미네르바의 화신이라며 라우라 바시를 극찬했고, 그녀에게 박사모를 수여했다.

라우라 바시의 박사학위 수여식은 독특한 축제 의식으로 인해 볼로냐에서 두고두고 기억에 남는 이야깃거리가 되었다. 그녀는 마차 열여덟 대로 이루어진 축제 행렬을 대동한 채 대학을 출발하여 시청까지 행진했으며, 거기서 축하 연극과 축사가 이어진 후 박사학위를 수여받았다. 감동한 시민들은 라우라LAURA와 박사시험을 뜻하는 이태리어인 LAUREA, 또는 LAUREAZION을 넣어 즉흥시 짓기를 겨루기도 했다.

이어 아카데미는 그녀를 회원으로 받아들였고 상당한 보수도 약속했다. 볼로냐 대학 강의개설 목록에는 1732/33년부터 라우라 바시라는 이름이 등장한다. 그렇지만 라우라가 남자 교수들처럼 정규 강의를 담당했던 것은 아니었다. 임명장에는 그녀가 여성이므로 시 당국의 지시가 있을 때에만 강의할 수 있다고 명시되어 있었다. 그러나 시의 강의 허가 지시는 가물에 콩 나듯 있었고, 갓 임명된 여교수는 가끔 토론회에나 참여하여 그 도시의 명예를 위해 말솜씨나 뽐낼 뿐이었다.

라우라 바시는 6년간 사람들의 기대에 부응하여 조신한 여성 학자의 역할을 해냈다. 그러나 어쩌다가 말 잘하는 마스코트 역할을 하는 것은 그녀의 성에 차지 않았다. 그녀는 독학으로 수학과 물리학을 깊이 공부하기 시작했으며, 부모의 집을 강의실로 삼아 강의와 실험을 계속 했다.

그리고 26세가 되었을 때, 라우라는 세간의 기대를 보기좋게 엎어버림으로써 그녀에게 열광하던 많은 사람들을 실망시켰다. 남자들을 거리낌 없이 불러들이기 위해 집에서만 강의한다는 소문이 돌자, 돌연 결혼을 결정했던 것이다. 그녀가 선택한 배우자는 4년 연상의 평범한 의학자 귀제페 베라티였다. 많은 사람들이 이 결혼을 신분상 어울리지 않는다고 생각했다. 결혼하고 두 달이 지난 다음 라우라 바시는 "그가 나와 같이 학문의 길을 걷고 있고 오랜 경험으로 그가 나를 학문에서 멀어지게 하지 않을 것이라는 것을 알고 있기에 그를 선택했다"고 자신이 그를 선택한 이유를 허심탄회하게 밝혔다. "일 년 전쯤 밤에 베라티의 도움으로 광학 실험을 했던 것이 계기가 되어 둘이 결혼했다"는 소문에 대해 그녀는 "당시에는 결혼 생각은 안중에도 없었다"고 태연하게 대답했다.

[결혼과 영광]

베라티와의 결혼은 바시에게 개인적으로나 학문적으로나 중대한 사건이었다. 귀제페 베라티는 1707년 볼로냐에서 태어나 의학과 자연철학을 공부하고 1734년 박사학위를 받았다. 그리고 1737년 10월 의학 교수 자격을 취득함으로써 시민 계급의 모든 제약들에서 벗어나 있었다. 결혼할 때 베라티는 막 교수직에 오른 상태였고 수년 전부터 아카데미 회원으로 활동하고 있었다. 베라티와의 결혼은 바시로 하여금 학문을 계속하는 데 도움을 주었다. 실험 물리학에 일가견이 있던 베라티는 바시의 실험과 연구에 상당한 뒷받침이 되어 주었다.

그러나 바시가 베라티를 선택한 것은 학문적 목적 때문만은 아닌 듯하다. 그의 후손으로 바시의 전기를 썼던 기암바티스타 코멜리는 바시가 젊은 베라티를 무척 좋아했다는 점을 강조했다. 결혼 생활은 40년이나 이어졌고 그들은 굉장히 행복했다. 부부가 주고받은 서신들은 1746년 말 것부터 보관되어 있다. 그즈음 베라티는 볼로냐 원로원의 명으로 그 지방에 퍼진 소의 전염병을 퇴치하기 위해 몇 달간 출장 중이었는데, 이 시기 베라티와 바시가 주고받은 편지는 사랑이 넘치고 친밀하다. 서로 상대방의 안부를 묻고 있고 무엇보다 바시는 베라티가 몸조심할 것을 당부하고 있다.

바시와 베라티는 여덟 명의 아이를 두어 다섯 명이 살아남았으며 막내 아들 파올로만이 부모처럼 학문의 길을 걸었다. 파올로는 어머니에게서 물리학을, 아버지에게서는 의학을 배워 나중에 물리학 교수이자 의사로 활동했다.

라우라 바시는 아내와 어머니로서뿐만 아니라 학문에도 충실

했다. 그녀는 계속하여 사설 학문의 장(場)인 살롱을 이끌었고, 시원로들의 바람대로 볼로냐의 미네르바가 되었다. 결혼 7년 후에는 그녀에게 학문적으로 최대의 기회가 주어졌다. 예전에 바시가 처음 학술 토론회에 나갔을 때 대주교로서 그 자리에 참석하여 그녀를 눈여겨 보아두었던 교황 베네딕트 14세가 1745년 볼로냐 과학 아카데미를 개혁하면서 예외적으로 그녀를 위해 원래 없던 25번째 자리를 만들었던 것이다. 그로써 30대 중반이 된 라우라 바시의 명성과 수입이 늘어났고 연구도 자유롭게 할 수 있게 되었다. 그녀는 그동안 아카데미에 출입하는 것과 실험 기구를 이용하는 데 제한을 받아왔던 것이다.

바시는 다른 아카데미 회원들처럼 매년 연구 보고서를 제출했다. 연구 주제는 주로 실험 물리학과 관련된 것들이었다. 또한 강의와 동시에 토론회에도 참석해야 했다. 그녀는 1746년 〈기압에 대해서〉, 1747년 〈자유로이 흐르는 시내의 기포에 대하여〉, 그리고 1748년에는 〈액체로부터 상승하는 기포에 대하여〉라는 제목의 강연을 했다. 그렇다고 그녀가 시종일관 물리학적 주제에만 천착했던 것은 아니었다. 1769년에는 도룡뇽과 뱀의 먹이와 행동 특성을 연구하기도 했다. 정말 뱀의 머리가 잘려도 다시 자라는지를 알고 싶었기 때문이었다.

그러나 바시의 생물학 연구의 구체적인 결과에 대해서는 알려져 있지 않다. 또한 그 밖의 연구에 대해서도 별로 알려진 게 없다. 그녀는 단행본으로 된 저서를 쓰지 않았고, 강연용 논문 네 편만 출판하였을 뿐이었다. 남아있는 서신이나 아카데미 목록에도 그녀의 논문은 단편적으로만 언급되고 있다. 1761년부터 라우라는 당시 거의 미지의 분야였던 전기 현상을 남편과 함께 연구하고 실험했다. 부부는 같은 방법을 사용하고 같은 결론에 이르렀지만 각자의 연구에서는 독립성을 유지했다.

이 부부의 개척자다운 연구는 보람이 있었다. 덕분에 라우라 바시는 1776년 볼로냐 대학에 새로 신설된 실험 물리학 교수 자리에 오르고 남편은 그녀의 권한 대행자로 지명되었던 것이다. 바시가 실험 물리학 교수가 된 것은 그녀의 능력 때문이기도 했지만 성실한 남편 덕분이기도 했다. 심사 과정에서 바시와 베라티는 따로따로 떨어져 존재하는 인물들이 아니라, 전기학 분야에서 지나칠 수 없는 쌍둥이처럼 여겨졌던 것이다.

바시는 그러나 그 자리에 오래 머물지는 못했다. 실험 물리학 교수가 된 지 2년 만인 66세의 나이에 심장마비로 사망했던 것이다. 전날까지 아카데미 학회에 참석하는 등 건강한 모습이었던 라우라 바시는 박사학위증과 모직 망토, 은제 머리띠와 함께 안장되었다.

[최초의 여성 교수로서]

결론을 말하자면 이렇다. 라우라 바시는 이렇다 할 뚜렷한 학문적 궤적을 남기지는 못했다. 자신만의 독자적인 학문적 해결책을 발견하지도 못했고, 다른 연구자들이 흥분할 만한 새로운 학문적 지평을 연 것도 아니다. 그러나 그에 대해 비난을 할 수는 없을 것이다. 당시 볼로냐 대학을 중심으로 활동한 다른 남성학자들도 별다르지 않았으니까 말이다. 당시 유행했던 토론 위주의 학문 활동은 학문의 발전에 별 도움이 안 되는 사교적인 허식의 측면이 강했다.

또한 라우라 바시가 감당해야 했던 가정적인 의무와 많은 자녀들이 그녀가 유럽 대학 최초의 여교수로서 기대만큼 많은 저작물을 남기지 못한 것에 대한 변호가 되어줄 수 있을 것이다. 또한 그녀는 오늘날 이탈리아에서 물리학 교수의 23퍼센트가 여성인 현실에 일조한 바 크다(다른 나라는 대개 5퍼센트를 넘지 못한다). 라우라 바시 역시 이런 설명에 기꺼이 동의하리라 믿는다. 그녀는 사회가 자신에게 부여한 학문적 특권에 대해 완벽한 아내와 엄마가 됨으로써 보답해야 한다고 생각했다. 그러나 무엇보다 남편이자 동료였던 귀제페 베라티의 성실함이 없었다면 이 야심차고 영리한 여성은 자신에게 쏟아지는 기대에 그렇게까지 부응하지 못했을 것이다.

유일한 동반자로 선택한 결혼 | 에르네스티네 & 요한 야콥 라이스케

에르네스티네 라이스케 Ernestine Reiske(1735-1798)
독일의 고전 어문학자. 계몽주의 시대 개신교 목사 집안에서 태어나 수준 높은 교육을 받았다.
남편에게 그리스어와 라틴어를 배워 함께 많은 고전들을 번역하였다. 남편이 죽고 시인 레싱
이나 에기디와 염문을 뿌리기도 했으며 농장 경영, 출판 등의 일로 열정적인 삶을 살았다.

요한 야콥 라이스케 Johann Jakob Reiske(1716-1774)
18세기 유럽의 저명한 아랍 문학자. 그의 <이불페다 이슬람 연감>에 대한 주석서는 아랍 역사
학의 기초가 되었다.

18세기 알프스 북쪽에 살던 여성들의 경우에도 학문의 길을 걷기 위해서는 학자 남편을 만나는 것이 필수 조건이었던 것처럼 보인다. 비텐베르크 근처 켐베르크에서 목사의 딸로 태어난 에르네스티네 뮐러도 동양학자 야콥 라이스케와의 결혼으로 이름있는 고전 어문학자가 될 수 있었다. 그녀의 타고난 외모는 가히 학자다웠다. 사람들은 그녀의 얼굴에서 학식이 절로 묻어난다고 말했다. "그녀의 짧고 통통한 목은 긴 얼굴과 아주 잘 어울린다. 미모가 빼어나다거나, 그리스적 미인이라고는 할 수 없지만 지성과 사려 깊음으로 가득 찬 모습이다."

동시대인들에게 에르네스티네 라이스케는 지적인 여성의 전형이었을 뿐 아니라, 염문을 뿌리고 다니는 화제의 여인이기도 했다. 남편 야콥 라이스케가 사망한 후, 세간에는 시인 고트홀트 레싱[4]이 그녀와 결혼할 것이라는 소문이 자자했다. 레싱은 그녀를 처음 만났을 때 이런 여성이라면 학자가 기꺼이 결혼을 결심할 만하다고 극찬했으며, 그녀 역시 남편이 살아있을 때부터 레싱에 대한 호감을 숨기지 않았었던 것이다.

레싱은 수년간 라이스케 부인과 친밀한 서신을 주고받았고 라이프치히까지 그녀를 찾아오기도 했다. 그러나 그들의 관계는 해피 엔드로 마무리되지 않았다. 그와의 결혼을 기다리고 소망하

---

4) Gotthold Lessing(1729-1781), 독일의 극작가이자 시인, 비평가. 비극에 관심이 많았으며 프랑스풍에서 벗어나 독일적인 민속극을 쓸 것을 부르짖음.

던 그녀 앞에 레싱이 함부르크 상인의 미망인 에바 쾨니히와 결혼했다는 소식이 전해진 것이다.

그러나 실연에 대한 아픔도 잠시, 에르네스티네는 곧 다른 남자와 열애에 빠졌다. 상대는 그녀보다 훨씬 나이 어린 귀족 출신의 법학도, 크리스토프 모리츠 폰 에기디였다. 그녀는 에기디와 함께 브라운슈바이크 근처의 수도원 땅을 소작하여 상당한 재산을 모았다. 능력있는 농장 경영주로, 책 편집인으로, 상인으로서 그녀의 왕성한 활약은 빛을 발했다. 그러다가 15년 후 에기디가 자신을 떠나 젊은 여성과 결혼하자, 에르네스티네는 삼각관계의 긴장을 참지 못하고 상당한 유산을 주어 에기디를 떠나보냈다. 그리고는 말년에도 변함없이 브라운슈바이크와 고향 쳄베르크를 오가며 열정적인 삶을 살았다.

그녀의 지적 이력은 계몽주의 시대의 전형적인 산물이라 할 수 있다. 물론 에르네스티네는 도로테아 슐뢰처나 안나 다르시에처럼 학식있는 교수의 딸로 태어나 아버지의 교육 프로그램에 따라 정신적인 해방을 이루었던 케이스는 아니었다. 그러나 그녀 역시 주변의 수준 높은 교양의 덕을 보았다. 처음에는 아버지와 오빠로부터, 나중에는 학식있는 남편으로부터 지적 자극과 뒷받침을 받을 수 있었던 것이다. 개신교 목사와 그의 두번째 부인 사이에서 열번째 아이로 태어난 에르네스티네는 초기 계몽주의 시대의 여자 아이치고는 좀 특별한 교육을 받았다. 엄격한 프로테스탄트 교육

끊임없이 젊은 연인들과 염문을 뿌리고 다녔던 여장부 마담 라이스케

과 더불어 오빠들로부터 독일어, 지리, 역사, 자연, 수학, 종교, 도덕을 배웠던 것이다. 그러나 열네 살 되던 해, 아버지가 돌아가시자 그때부터 생계에 도움이 되는 일을 찾아나서야 했다. 에르네스티네는 어머니와 함께 오빠의 집에서 얹혀 지내다가, 나중에는 어머니와 단 둘이 살며 바느질과 자수로 어머니를 부양했다.

그러므로 이런 상황에서 20년 연상의 학자와 결혼하는 것은 학업에 대한 소망을 실현할 수 있는 거의 유일한 길이었을 것이다. 에르네스티네는 서른이 다 된 나이에 결혼을 했다. 남편은 아랍어 교수 요한 야콥 라이스케! 사교적으로는 그리 원만하지 않은 학자

독일 이슬람학의 창시자 라이스케

였다. 9년 전 오빠와 라이프치히로 짧은 여행을 갔다가 라이스케 교수를 알게 되었고 그때부터 쭉 편지를 교환해 왔던 것이다.

결혼 생활은 학문적인 야망을 가진 젊은 아내에게 그리 나쁘지 않았다. 그들에겐 자녀가 없었고, 양자로 들인 조카를 한동안 돌보기만 하면 되었다. 살림 규모는 조촐했고, 생활 방식은 검소했으며, 책을 읽고, 연구하는 것이 먹고 마시고 하는 다른 일들보다 더 중요시되는 분위기였다. 이런 분위기에서 에르네스티네는 학문적 관심사를 펼칠 만한 충분한 여유를 가질 수 있었다. 그녀는 남편으로부터 라틴어와 그리스어를 배웠고, 남편의 연구를 도왔다.

라틴어와 그리스어는 금새 배워 스스로 번역을 할 수 있을 정도까지 되었으며, 그후 독자적인 저술과 논문을 잇달아 발표했다. 그리고 오래되지 않아 그녀는 지적이고 유쾌한 대화 파트너로 부상하게 되었다.

[아내를 가르치다]

요한 야콥 라이스케는 그리 평탄한 생애를 살아오지는 않았지만 1764년 결혼할 당시에는 꽤 유명한 학자였다. 오늘날의 이슬람학자들에게 그는 독일 이슬람학의 창시자로 불린다. 당시에도 이미 이슬람에 대해 연구하는 학자들이 있었지만 그들은 주로 이슬람의 종교와 문화를 연구했고, 라이스케처럼 이슬람의 철학과 문학에 관심을 가진 사람은 거의 없었기 때문이다. 초기 독일 동양학의 방대한 텍스트 이해와 선입견 없는 열린 세계관은 라이스케 덕분이라 해도 과언이 아니다.

가죽을 다루는 장인의 아들로 태어난 라이스케가 이슬람에 관심을 갖게 된 것은 부모로부터 물려받은 소양은 아니었다. 그가 죽은 후 아내 에르네스티네에 의해 출판된 자서전에도 나와 있듯이 라이스케가 왜 그렇게 젊은 시절부터 아랍어에 대한 "억제할 수 없는 동경"에 사로잡혀 있었는지 자신도 이유를 모르겠다고 말하곤 했다.

라이스케는 독학으로 20세가 될 무렵 당시 유럽에서 인쇄된 아랍에 관한 책이란 책들은 모두 읽어냈다. 그리고 유럽 동양학의 메카로 여겨지던 덴마크로 건너가 공부를 계속했다. 덴마크의 동양학자들 역시 아랍학을 기독교 신학을 위해 알아야 하는 보조학문 정도로 여겼으며, 성경을 이해하는 차원에서 아랍학을 연구했던 것은 다른 곳의 학자들과 마찬가지였다. 그러나 라이스케는 달랐다. 그는 독립적인 장르로서의 아랍 문학에 관심을 기울였다.

덴마크에 갔던 라이스케는 레이덴 대학의 동양학 교수인 아베르트 슐텐과의 불화로 인하여 의학으로 방향을 돌렸다가 학업을 계속하지 못하고 1746년 라이프치히로 되돌아왔다. 그는 대학 졸업장이 없었으므로 아르바이트와 개인 교사, 그리고 저술 활동으로 생계를 유지해야 했지만 다시금 끈기있게 동양학에 파고들었다. 그는 기독교사와는 별도로 동양사를 연구했고, 이것은 처음부터 끝까지 모든 것이 기독교 중심으로 돌아가고 있던 유럽에서는 혁신적인 시도였다.

1747년 라이스케는 방대한 이슬람 역사 입문서를 출간했다. 그리고 그 작품으로 인해 드레스덴 궁정으로부터 명예 교수직을 부여받았다. 그러나 그 일이 그의 직업적, 사회적인 여건을 크게 변화시시키지는 못했다. 교수 타이틀로 인해 연간 100탈러 정도의 연금을 받게 되었지만 그 돈은 부정기적으로 나왔고, 라이스케의 궁색한 생활을 개선시킬 만한 것은 못 되었기 때문이다. 라이스케는 또한 툭하면 학문적인 논쟁을 일삼았고 이슬람에 대해 편견없는 태도를 보임으로써 학계에 많은 적을 만들었다. 그러다 보니 그를 아랍학 교수직에 추천해 주는 사람이 아무도 없었다.

라이스케는 결국 라이프치히에서 아이들을 가르치며 수업 시간 외에는 이슬람학에 몰두하기를 계속했다. 그즈음 라이스케는 시인 고트홀트 레싱과 친해졌는데, 레싱 역시 이슬람에 대해 선입견이 없고, 여느 학자와는 다른 생각을 가지고 있었기에 가능한 일이었다.

1758년 라이스케는 약간의 사회적 성공을 거둔다. 니콜라이 학교의 교장으로 지명되어 사회적 위신이 높아졌을 뿐 아니라 생활도 제법 넉넉해지게 되었던 것이다. 그리고는 6년 후 48세의 나이로 거의 20년 연하의 에르네스티네 크리스틴 밀러와 결혼할 수 있었다.

라이스케가 이 늦은 결혼에 무척이나 의미를 두었다는 것은 그의 책에 쓴 헌사를 보면 알 수 있다. 오늘날 아랍의 가장 위대한 서정시인으로 여겨지고 있는 알 무타나비[5]의 작품을 번안하면서 라이스케는 이 "무타나비의 슬픈 사랑의 시들을 통해 조금이나마 아랍 시의 진수를 맛보는 즐거움"을 아내에게 감사의 선물로 바친다고 썼다. 라이스케의 번역은 수십 년 뒤 괴테의 〈동서 시집West-Östlich Divan〉의 견본이 된다.

---

5) al-Mutanabb(915-965), 많은 사람들로부터 아랍어에 가장 뛰어나다고 인정받는 시인. 엉뚱한 은유의 화려하고 과장된 문체로 찬사시를 썼다.

야콥과 에르네스티네의 결혼 기간은 약 10년 정도로 그리 길지 않은 세월이었다. 그러나 그 시간은 참으로 결실 많은 시기였다. 그 시간을 통해 에르네스티네는 똑소리나는 학생에서 어엿한 동양학자로 성장할 수 있었다. 당시의 학자 부부들이 아내의 역할을 지칭하는 어법에 따라 그녀는 남편의 "조수"로 불렸다. 그러나 이 표현은 결코 경멸이나 종속의 의미는 아니었고 같은 문제에 공동으로—물론 완전히 동등한 위치에서는 아니지만—전념한다는 의미에서 사용되던 말이었다.

에르네스티네 라이스케는 "학식있는 여성만이 학자의 부인이 될 수 있다"라고 말했다. 또한 그녀의 남편 역시 아내와의 협동 연구에 적극적이었다. 당시 야콥 라이스케는 피그말리온 효과[6]를 알지 못했음에도 불구하고 아내에게 전혀 압력을 행사하거나 독선적이지 않았고, 격려와 지지로 공부 욕심이 많은 아내를 적극적으로 밀어주었다. 그는 학자들 사이에서처럼 부부 사이에서도 솔직한 의견 교환이 이루어져야 한다는 입장이었고, "결혼 생활에서도 부부애가 손상되지 않는 범위 내에서 서로 의견의 자유를 가져야 한다"고 말하곤 했다.

라이스케는 아내로 하여금 엄선된 독서를 하도록 주선해 주었으며, 무엇보다 그리스어와 라틴어를 가르쳐 주었다. 학교에서

---

6) Pygmalion Effect, 누군가에 대한 사람들의 믿음, 기대, 예측이 대상에게 그대로 실현되는 경향. 자기충족적 예언. 그리스 신화의 조각가 피그말리온에서 유래하였다.

사용하는 자신의 교수법에 따라, 그는 아내와 함께 책을 읽으면서 문법 설명을 곁들여 주었고, 처음부터 독서와 병행하여 텍스트를 번역 연습을 하도록 했다. 1776년 라이스케는 뮌헨 도서관의 데모스테네 필사본을 파리 판과 비교하고 번안하고자 했으나, 그 방대한 책 두 권을 어떻게 비교해야 할지 막막해 했다. 이 때, 에르네스티네는 남편에게 자신이 파리 판의 그리스어 텍스트를 읽어주겠다고 함으로써 공동 연구 작업의 결정적인 첫걸음을 내딛었다. 그리고 그런 연구 방법은 굉장히 효과적인 것으로 드러났고 그들은 계속 그런 식으로 연구를 해나갔다.

에르네스티네 라이스케는 나중에 자부심에 넘쳐서 이렇게 말했다. "우리는 그런 방식으로 번역서를 원전과 비교했고 그후 그리스 연사들의 글을 번안할 때에도 내가 이미 인쇄된 작품을 그에게 읽어주는 형식으로 일을 해나갔다. 나는 모아진 글들을 남편의 주석과 함께 정리했고 나중에 교정을 볼 때에도 남편에게 간행본의 해당 부분을 읽어줌으로써 빠지는 부분이 없도록 했다."

에르네스티네 라이스케는 점점 더 왕성하게 남편과 공동 작업을 해 나갔다. 그녀는 남편이 발간한 책이나 주로 남편이 준비하여 남편 사후 다른 언어학자들에 의해 발간된 모든 책의 발간 작업에 참여했다. 라이스케는 아내에 대한 감사의 뜻으로 모든 그리스 달변가들의 글을 모은 12권으로 된 그의 《그리스의 연사들》의 첫 권을 아내에게 헌사했다. 그는 그 책을 에르네스티네의 동판화로 장식하게 했고, 이 작품은 "아내와의 익숙한 공동 작업"을 통해 탄생된 것임을 누누이 강조하며 그녀에게 공식적으로 감사를 표했다. 라이스케의 이런 배려는 아내의 학문적 지명도를 높였다.

[굴곡진 삶을 지킨 힘]

그러나 세월이 지나면서 이런 이상적인 결혼에서도 그늘진 면이 드러나기 시작했다. 라이스케는 우울증 증세가 날로 심해졌고, 아내의 학문적인 성공과 사교 관계, 특히 젊은 레싱과 교제하는 것에 대해 질투하기 시작했다. 마지막으로 함께 했던 시간들은 부부 모두에게 굉장히 힘든 시기였다. 1774년 여름, 야콥 라이스케는 58세의 나이로 사망했다. 병명은 폐결핵이었다. 물론 에르네스티네는 남편이 병석에 있는 동안 헌신적인 병수발을 들었다. 남편의 죽음은 그녀의 물질적, 정신적 실존에 타격을 주었다. 그녀는 이제 완전히 혼자 남겨진 것이다.

에르네스티네 라이스케는 고인의 희망에 따라 남편의 유산을 시인 레싱에게 주었다. 그리고 지치지 않는 노력과 열정으로 이미 출판된 라이스케의 작품들을 관리하고, 여러 면에서 볼 때 풍요로웠지만, 참으로 지난했던 라이스케의 삶의 여정을 몇 년에 걸쳐 라이스케의 자서전에 담기 위해 노력했다. 남편이 사망했을 때 39세였던 그녀는 아직 다른 사람에게서 사랑의 행복과 정열을 찾을 만큼 자신이 젊다고 느꼈다. 레싱과의 관계가 좌절되자 그녀는 앞서 언급했던 스무 살 연하의 크리스토프 모리츠 폰 에기디와 새 삶을 꾸렸다. 둘의 나이 차는 결혼 때와는 완전히 반대였다. 80년대 초 에르네스티네는 에기디와 함께 브라운슈바이크 근처로 이사했고 거기서 소작인으로서의 새 삶을 시작하여 농장 경영에서 그녀의 수완을 과시했다. 그녀의 삶에서 학문은 뒷전에 놓이게 되었고 그 후로 그녀는 심리학 관련 글만 몇 개 더 썼을 뿐이다.

이쯤 되면 200년 전에 고인이 된 에르네스티네 라이스케와 같은 여성이 오늘날의 우리에게 왜 매력적으로 다가오는가 하는 의문이 든다. 그녀가 당대를 대표하는 아름다움과 고상함의 전형도 아니고, 학문에 열심히 정진하긴 했지만 18세기의 선구적인 여성 학자였던 것도 아닌데 말이다. 그러기에는 학문에 정열을 쏟은 기간이 인생 전체로 볼 때 너무 짧았다. 그러나 그럼에도 불구하고 그녀의 삶은 시사하는 바가 크다.

그녀의 인생은 18세기 학식있는 여성들이 빠진 딜레마의 전형이기 때문이다. 대학이나 아카데미 등 공식적인 기관으로의 출입이 막혀 있었을 때 지식에 굶주린 여성들은 오로지 결혼을 통해서만 학문에 참여할 수 있었다. 그것은 에르네스티네가 야콥 라이스케와의 결혼을 선택한 가장 중요한 이유였다. 남편 곁에서 "조수"로서 공부할 수 있기 위해서 말이다.

그녀의 진짜 매력은 새로운 상황에 대한 두려움 없이 변화무쌍한 삶에 적응했던 독립성과 유연성이다. 스스로 진로를 결정했으며, 부부 공동체의 생산성을 십분 활용하고, 시대가 요구하면 과거와의 급진적인 단절도 마다하지 않았던 삶. 그것은 18세기 그녀와 비슷한 처지의 여성들이 추구하던 근면하고 독립적이고 성공적인 삶이었다. 에르네스티네 라이스케는 자신의 지식으로 직업을 창출했을 뿐 아니라 출판 사업으로 자신과 가족을 부양했다. 1765년 남편이 그녀에게 한 말이 옳았다. "부인, 이제 당신은 내가 자신에게서 느끼는 허영심을 느끼게 될 것이며, 당신의 이름은 내 이름 옆에서 학자의 이름으로 영원히 남게 될 것이오."

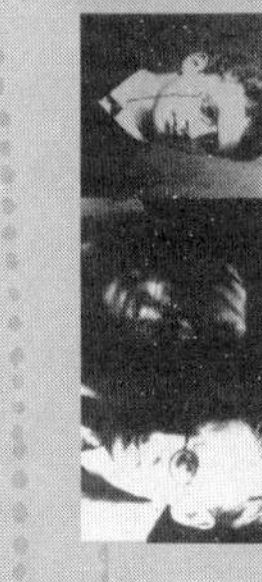

노벨상을 함께 수상한 부부들

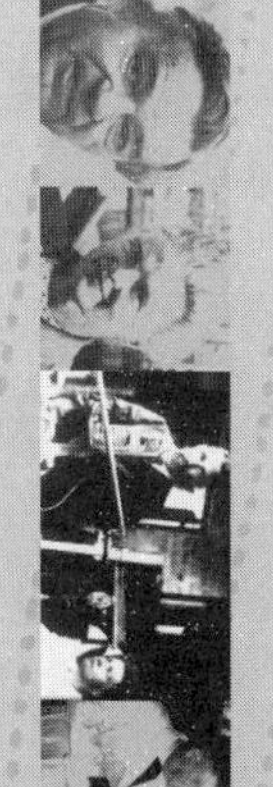

조화와 보완의 승리 | 마리 & 피에르 퀴리

마리 퀴리 Marie Curie(1867-1934)

남편이 사고로 죽은 후에도 연구를 계속해 1911년 최초로 노벨상을 두 번 수상하는 영광을 누렸다. 논문 발표 등에서 항상 "나는"이라는 말을 강조할 정도로 자의식이 강했으며 평생을 매달렸던 방사능 연구 때문에 얻은 백혈병으로 죽었다.

피에르 퀴리 Pierre Curie(1859-1906)

프랑스의 물리화학자. 형을 대신해서 같이 연구할 동반자로 마리를 선택해 결혼했으며 생각에 생각을 거듭하는 신중한 성격이었다. 1903년 아내와 공동으로 노벨상을 받았다. 짐마차에 치여 안타깝게 생을 마감했으나 그로 인해 프랑스인들은 퀴리 가문에 더 특별한 애정을 품게 되었다.

"피에르 교수와 마담 퀴리의 성공은 '뭉치면 강하다'는 격언을 가장 잘 증명했습니다. 둘은 우리에게 '독처하는 것이 좋지 못하니 그에게 돕는 자를 지어주겠다'라는 성경 말씀을 밝혀 보여 주었습니다." 이는 1903년 퀴리 부부가 앙리 베크렐[1]과 공동으로 노벨 물리학상을 수상했을 때 식장에 울려퍼진 축사의 내용이다. 그리하여 비로소 부부의 공동 연구는 학계의 공식적인 인정을 받게 되었던 것이다. 마리 스클로도프스카 퀴리와 피에르 퀴리는 사실 닮은꼴 부부는 아니었다. 학문의 지향점도 달라 오늘날 마리 퀴리의 전기에 피에르가 끼어들긴 하지만 마리는 화학자로, 피에르는 물리학자로 묘사되기도 한다. 이 부부의 공동 연구는 서로 다른 점을 조화시킨 "보완성의 결실"이었다.

피에르 퀴리는 배우자를 선택할 때 애초부터 형 자크를 대신하여 자신의 연구 파트너가 될 만한 여성을 염두에 두었던 것 같다. 그리고 그런 점에서 마리 스클로도프스카는 탁월한 배우자였다. 결혼은 두 촉망받는 학자로 하여금 재능과 인격과 연구 스타일에서 보완적인 통일을 이루게 했다.

피에르 퀴리는 그리 순발력 있는 타입은 아니었다. 그는 모든 상황을 부단하게 숙고한 끝에 학문적인 결론을 내리는 타입이었고, 학문적 우위를 확보하는 것이나 정신적인 소유물을 주장한다

---

1) Henri Becquerel(1852-1908), 프랑스의 물리학자. 1903년 퀴리 부부와 공동으로 노벨상을 받았다.

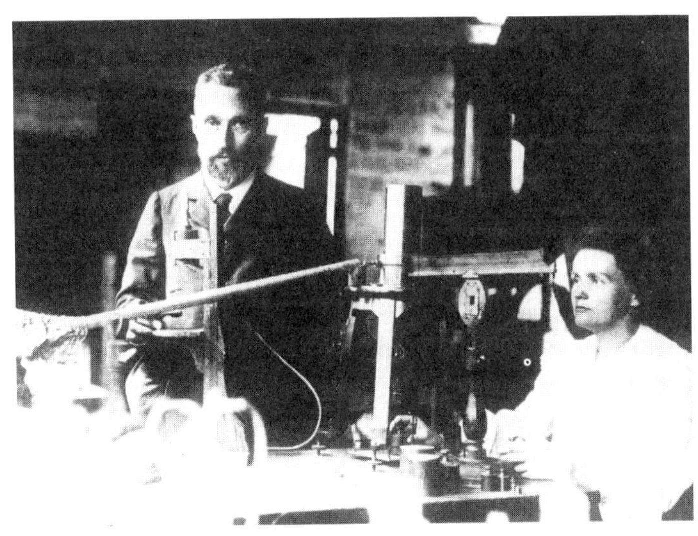

신중한 성격의 남편과 달리 마리 퀴리는 대담하고 추진력있게 연구를 끌고 가는 타입이었다.

거나 세간의 인정을 받는 것 따위에는 별 관심이 없었다. 마리 퀴리는 그에 반해 순발력 있게 실험 결과들을 대담한 명제로 발전시켜 세간에 발표했고, 피에르가 불안한 마음으로 우왕좌왕하는 동안, 끈기있고 고집스럽게 연구를 밀고 나갔다. 그리하여 1897년부터 죽을 때까지 거의 40년간 방사능 연구에 몰두했다. 그러나 남편의 사리사욕 없는 성격은 부부가 민주적으로 공동 연구를 하는 데 결정적인 역할을 했던 것처럼 보인다. 피에르는 기꺼이 아내와 동등한 자격으로 연구하고 결과에 대한 성공과 명성까지 스스럼없이 아내와 나누었던 것이다. 방사능에 대해 연구하고자 하는 마리의 용기와 세상의 인정을 받고자 하는 욕망과 끈기는 부부의 학문적 재능과 결합되어 마리에게 학문적 명성을 안겨주었을 뿐 아니라 피에르 역시 동시대의 위대한 연구자로 인정받을 수 있게 했다.

결혼 전 피에르 퀴리는 오랫동안 형 자크와 함께 공동 연구를 했다. 어린 시절 아버지의 심부름으로 채집통을 들고 식물 표본을 채집하러 다닐 때부터 피에르 퀴리에게 가족 차원의 공동 연구는 아주 자연스러운 것이었다. 자크와 피에르는 집에서 공동 연구를 하다가 소르본의 실험 조교가 되면서 소르본에서 함께 연구를 했다. 그리고 공동 연구를 통해 압전기(피에조 전기)²를 발견하는 성과를 거두었다. 그러나 1883년 형제는 공동 연구를 마감해야 했다. 형 자크는 몽펠리어 대학에, 피에르는 파리 물리화학학교에 취직이 되었기 때문이었다. 이제 형제의 공동 연구는 방학 때나 가능하게 되었다.

그러나 그 이후에도 피에르에겐 여전히 실험이 곧 집안일이었으며 연구실이 곧 집이나 마찬가지였다. 결혼하여 아내와 아이들을 두게 되었을 때에도 그는 동료를 가족처럼 생각했다. 피에르가 이렇게 학문 친화적인 삶을 살게 된 것은 의사였던 그의 아버지 외젠 퀴리의 영향이 컸다. 외젠 퀴리는 아들들에게 학문적인 관심뿐 아니라 강한 사회 의식도 심어주었다. 피에르 퀴리는 학문만이 인류에게 도움이 된다고 확신했다. 성공적인 사회 개혁조차 종종

---

2) piezoelectricity. 절연성 결정이 역학적 압력을 받을 때 결정의 한쪽에는 양전하가, 다른 한쪽에는 음전하가 생기는 현상.

인류에게 유익보다는 해가 되는 경우도 많다는 생각이었다. 학문은 피에르의 삶의 전부나 마찬가지였고 그는 한 번도 학문의 길 밖으로 한눈을 팔지 않았다.

형 자크가 몽펠리어로 옮겨가면서 피에르의 삶은 공백이 생겼다. 그리고 그 공백은 동료 학자를 배우자로 맞아야만 메꿔질 수 있었다. 피에르는 그것을 잘 알고 있었고, 일기장에 학문을 하는 여성이 극히 드물다는 점을 탄식하기도 했다. 결혼이 자신의 학문 활동에 해를 끼치지 않을까 걱정했던 것이다. 약혼 시절 마리와 나누었던 편지에서 피에르는 형과 공동 연구를 했듯이 이제는 마리와 공동 연구를 하겠다고 누누이 다짐하고 있다. 성격은 판이하게 다르지만 조화로운 연구를 할 수 있겠다는 점을 상세히 언급하면서 말이다.

마리 스클로도프스카 역시 자신이 약혼자와 성격적으로 다르다는 것을 느끼고 있었다. 그럼에도 불구하고 마리 역시 그들의 닮은 점과 다른 점이 조화롭게 결합되리라는 기대를 품었다. 마리와 피에르는 마리의 동향인인 요제프 코발스키 교수의 소개로 만났다. 마리가 철의 자기적 성질을 연구하기 위해 적당한 실험실을 찾고 있는 것을 보고 코발스키 교수가 마리를 피에르에게 소개한 것이다. 그러나 이들이 처음 만났을 때는 새로운 사랑에 별 관심이 없었다. 둘 다 불행한 사랑을 끝낸 상태였기 때문이었다. 마리는 3년 전 가정교사를 하던 집에서 만난 카치미르츠 초라프스키와의 사랑에 실패했고, 피에르 역시 첫사랑의 여인이 세상을 떠나자 이제 신부처럼 살겠다고 마음을 다지고 있던 터였다. 그러나 마리와 피에르 퀴리는 곧 학문에 대해, 그리고 사회 전반에 대해 이야기를 나누게 되었고 서로 통한다는 것을 느꼈다. 둘 다 교양있지만 경제적으로는 그리 넉넉지 못한 가정에서 자랐고, 내성적이고 수줍었으며, 종교적 속박으로부터 자유로웠다. 그러나 그들이 결국 서로에게 끌렸던 것은 이런 공통점들보다는 서로를 보완할 수 있는 상이한 성격과 재능이었다.

[골똘한 몽상가와 열성적인 여학생]

피에르는 마리 퀴리에게 "골똘한 몽상가"로, 마리는 피에르에게 "열성적인 작은 여학생"으로 다가왔다. 겉으로 드러내 말하지 않았을지라도 훗날 마리는 남편이 오랫동안 추상적인 생각에 골몰해서 침묵을 지키고 있을 때면 그에 대해 우려했을 것임에 틀림없다. 그리고 피에르 역시 마리가 과감하고 고집스럽게 여러 과제들을 밀고 나가는 것을 볼 때 다르지 않았을 것이다.

그러나 마리 퀴리는 일생 동안 남편의 신중한 면을 칭찬했고 피에르의 진지하고 골똘한 얼굴 표정에 매력을 느꼈다고 강조했다. 실제로 피에르의 얼굴 표정은 그의 성격과 회의적인 학문 스타일을 그대로 드러내 주었다. 스스로 자신을 "느린 머리"라고 칭했던 피에르는 학문적인 사안들에 대해 생각에 생각을 거듭하는 스타일이었다. 빠른 연구와 급한 결론은 그에게 낯설었다. 그는 오류를 두려워했기 때문에 증명되지 않은 가설들을 함부로 발표하지 않았다. 그는 한 걸음 한 걸음 확실한 길을 걷고자 했다. 마리는 피에르의 이런 연구 방식을 자신의 성급함을 보완하는 긍정적 차이로 생각했다.

피에르는 연구뿐 아니라 책을 내는 데에도 느렸다. 생각만으로 글을 쓴다는 것은 있을 수 없었고, 누구도 반박할 수 없는 실험 결과가 있어야만 그것을 발표할 생각을 했다. 이런 신중함은 그의 높은 학문적 수준으로부터 비롯된 것이기도 했고, 1800년 형 자크와 함께 압전기에 대한 논문을 쓸 때 완전하지 않은 상태로 논문을 발표하고 실험은 뒤로 미루어야 했던 부정적인 경험에서 나온 것이기도 했다.

정규 교육을 받지 않은 피에르는 또한 동료들과의 경쟁을 알지 못했다. 그에게는 경쟁심이 부족했다. 그리고 당시 프랑스에서 성공의 필수조건이나 다름없었던 학연 또한 부족했다. 이런 성장 배경은 피에르가 왜 그렇게 사리사욕이 없고, 우위 다툼을 하지 않으며 명예에 대해 소극적인 태도를 취했는지를 짐작할 수 있게 한다. 아마도 물리학사에서 이 퀴리 부부처럼 사리사욕 없이 이상적인 연구 형태를 몸소 실천했던 사람도 없을 것이다.

관철 능력의 부족과 그러면서도 타협하지 못하는 까다로움, 게다가 지적인 불안은 피에르 퀴리의 커리어에 그렇게 좋은 영향을 미치지 못했다. 1894년 마리를 만났을 때 이미 그는 압전기성, 결정과 자기력의 대칭성에 대한 인정받는 논문을 발표한 중견 물리학자였다. 그러나 물리학계에서 그를 아는 학자들은 아주 적었다. 그리고 그는 여전히 연구 여건이 열악한 산업 지향적인 시립 물리화학학교의 실험실 주임일 뿐이었다.

그와 대조적으로 마리는 바르샤바의 학창 시절부터 이미 우등생으로 이름을 날렸고 나중에 소르본에서도 두각을 나타냈다. 그녀는 빨리 생각하고 빨리 행동하는 타입이었다. 마리와 피에르 퀴리는 지적으로 뿐 아니라 성격적으로 서로를 보완했다. 마리는 돈에 대해서는 사리사욕 없는 피에르와 생각을 함께 했다. 하지만 동료 학자들과 경쟁을 하고 학문적인 인정을 받고 하는 문제에 있어서는 달랐다. 러시아 점령지 바르샤바에서 학교를 다닌 어린 시절, 그리고 소르본 대학 물리학과의 보기 드문 여학생 중의 한 명이었던 대학 시절, 그녀는 경쟁에 익숙해지지 않으면 안 되었다. 남편 피에르와는 달리 마리는 어린 시절부터 경쟁을 배웠고 여타 서구의 학문에서 통용되는 사회적인 관습들을 익혔다. 그러나 폴란드 귀족 집안의 가정교사로 우울한 시기를 보내면서 마리는 한때 삶의 의욕을 잃기도 했다. 이때 마리의 희망은 오로지 자신이 학비를 대주고 있던, 파리에서 의학 공부를 하고 있는 언니 브로냐였다. 그러다가 안 좋은 형편 가운데서도 과감하게 자신의 공부를 위해 파리로 와서야 비로소 자신감을 되찾을 수 있었다. 마리는 결코 자신의 조국 폴라드를 잊지 않았고 모든 기회를 이용하여 폴란드의 지성의 상징으로 추앙받기를 원했다.

학문과 인생에서 무엇인가 이루고자 하는 야심찬 인간으로서, 물리학과 화학의 여성 개척자로서, 그리고 폴란드의 애국자로서 마리 퀴리는 남편과는 반대로 자신의 이름으로 논문을 발표하는 것을 중요시했고, 학문적인 우위를 확보하는 것에 가치를 두었다. 마리는 피에르가 완성도가 높은 논문만을 발표하려 하고, 때로는 그마저도 발표하지 않아 발표된 논문 수가 적은 것이 불이익으로 작용하지 않을까 늘 걱정했다. 그리고 스스로는 가능하면 연구 결과들을 빨리 발표하려고 애썼다. 무엇보다 마리는 처음부터 결혼을 학문 연구의 좋은 기회로 여겼다.

그렇다고 해도 피에르의 청혼을 쉽게 받아들인 것은 아니었다. 피에르가 청혼을 해왔을 때 그녀는 일 년 동안 그 제안을 받아들여야 할지 망설였다. 피에르와 결혼을 한다는 것은 조국 폴란드로 돌아갈 수 없음을 의미했기 때문이었다. 결혼 당시 마리는 28세였고 피에르는 36세였다. 이 결혼의 목적은 애초부터 삶뿐 아니라 학문도 나누려는 것이었다. 엘사스의 의사 가문이라는 꽤 좋은 집안 배경에도 불구하고 피에르 퀴리는 경제적으로 넉넉한 처지는 아니었다. 그러나 그는 머리 좋고, 교양이 있었으며 결혼할 당시 학문적으로 마리보다 훨씬 앞서 있었으므로 매력적인 배우자감으로 손색이 없었다. 헐뜯기 좋아하는 사람들은 피에르의 지식과 경험이 없었더라면 마리는 결코 학문적 명망에 도달하지 못했을 것이라고 주장한다. 완전히 타당한 말은 아니다. 물론 결혼 초기, 피에르가 마리로부터 얻는 것보다 마리가 피에르의 덕을 더 많이 보았지만 말이다.

마리 퀴리는 결혼 후에도 학문적 전진을 늦추지 않았다. 신혼집은, 그 후의 모든 집들과 마찬가지로 아주 간소하게 꾸몄고 그들의 신혼 생활은 주로 실험실에서 이루어졌다. 결혼과 함께 마리는 피에르가 몸담고 있던 대학 학장인 폴 슈첸베르거의 허락을 받아 피에르의 실험실에서 함께 일하기 시작했다. 대학 측의 공식적인 허가는 마리로 하여금 피에르와 대등한 위치에서 연구할 수 있는 길을 열어 주었다. 물론 생계비는 피에르의 수입에 의존했지만 말이다. 당시 피에르의 수입이래 봤자 파리의 노동자의 급료보다 많지 않았다.

[방사능을 세번째 자식처럼]

결혼과 함께 마리와 피에르 퀴리는 그들이 "반자연적인 길"이라고 불렀던 삶을 살기 시작했다. 그들의 하루 일과는 학문과 가족을 위한 일들로만 짜여졌다. 시어머니가 돌아가신 후 아예 아들의 집으로 이사한 시아버지 외젠 퀴리의 도움으로 부부는 연구와 강의와 자녀 양육을 동시에 해나갈 수 있었다. 마리 퀴리는 여성 학자가 같은 분야의 학자와 결혼함으로써만이 가능한 부부간의 밀착

된 삶을 실현했다. 남편이 대학에서 새로 강좌를 맡게 되면 그와 함께 강의를 준비했고, 남편이 실험실에서 연구에 몰두할 때면 어김없이 그 옆에서 함께 했다. 방사능에 대한 중노동에 가까운 연구를 하는 동안 그들은 실험대에서 끼니를 때우고 차를 마셨다. 집으로 갔다가도 저녁에 다시 헛간 같은 실험실로 되돌아와 실험을 체크하고 연구의 진척에 대해 기뻐했다. 마리 퀴리는 방사능을 자신이 낳은 세번째 아이쯤으로 여겼다. 실제로 마리는 언젠가 젊은 제자에게 방사능도 그녀가 나은 아이 중의 한 명이며, 그래서 그를 양육하는 데 전력을 쏟고 싶다고 말한 적도 있다.

피에르 퀴리는 온유한 사람이었지만 그래도 피에르의 아내 노릇을 하는 게 그리 쉬운 일은 아니었다. 둘째딸 이브 퀴리는 훗날 아버지를 까다롭고 질투심 많은 남편으로 묘사했다. "아버지는 엄마가 늘 곁에 있는 데 익숙해서 평소와 상황이 조금만 달라져도 연구에 방해를 받는 스타일이었다. 엄마가 우리 곁에서 조금 오래 머물려고 하면 아버지는 '당신은 애밖에 모른다' 고 부당하고 우스운 비난을 했다."

마리와의 결혼으로 피에르는 학문과 삶에 새로운 추진력을 얻었다. 1895년 결혼한 해에 피에르는 학사학위를 딴 지 17년 만에 박사학위를 받았다. 당시 그는 36세였고, 아마도 목전에 놓인 결혼이 박사학위 논문에 박차를 가하도록 했을 것이었다. 그리고 결혼한 지 3년 만에 퀴리 부부는 막 발견된 방사능에 대한 공동 연구에 들어갔다. 피에르는 방사능 연구를 위해 그 동안 진행하던 결정 현상에 대한 연구를 포기했다. 그들이 공동 연구의 주제로 방사능을 택하게 된 동기는 마리가 박사학위 논문 차원에서 1897년 말부터 진행했던 연구가 방사능에 관한 것이었기 때문이었다.

그 전까지 마리는 철의 자기력이 화학 결합에 따라 달라지는 온도에서 어떻게 바뀌는가 하는 것을 연구했다. 그 분야는 피에르가 가장 잘 알고 있던 분야였다. 마리는 자신의 첫 논문을 쓰면서 남편의 광범위한 이론적 지식과 풍부한 실전적 경험을 통해 많은 도움을 받았다. 굉장히 긴, 그러나 그리 독자성이 돋보이지는 않는 마리의 첫 논문은 그녀의 부지런함과 끈기와 철저함을 보여준다. 마리는 갓 태어난 딸 이렌의 침대 옆에서 논문을 완성했고, 국립학교 교사 자격을 따기 위해 수학, 물리학 국가시험을 준비했다. 그러나 마리는 1896년 이 시험에 합격한 후, 교사가 되는 대신 박사학위 논문 주제를 고르는 데 온 관심을 쏟기 시작했다.

마리 퀴리는 자신이 알맞은 시기에 알맞은 주제를 선택한 것은 그저 우연이라고 말했다. 마리가 고른 연구 주제는 프랑스 물리학자 앙리 베크렐이 막 연구 논문을 발표했던, 그러나 그리 주목받지 못했던 우라늄[3]의 자연 방사에 대한 것이었다. 마리 퀴리는 남편과 상의한 끝에 베크렐이 발견한 방사선을 박사학위 논문 주제

---

3) 방사성 원소. 핵 연료로 중요하며 1kg의 우라늄은 3백만kg의 석탄과 같은 에너지를 발산한다.
4) pitchblende, 우라늄의 기본적인 광석 중 하나이며, 50~80%의 우라늄을 함유하고 있다.

로 선택하고, 우라늄염과 관련하여 공기중에 확산되는 전기의 양을 측정하기로 했다. 퀴리 부부가 베크렐의 방사선을 연구하기로 결정한 것은 그들의 인생을 송두리째 바꿔놓은 선택이었다.

1897년 마리 퀴리는 우라늄이 공기중에 방사하는 빈약한 양의 전하를 14년 전 피에르가 형과 함께 발명했던 소위 피에조 전위계의 도움으로 체계적으로 측정하기 시작했다. 그 연구에 있어 마리는 처음부터 혼자가 아니었다. 마리는 12월 16일부터 실험 일지를 쓰기 시작했는데 그 방법 역시 피에르 퀴리가 결정학 연구에 이용했던 방법이었다. 화학 결합의 종류나 채광이나 온도와는 관계없이 물질 중에 우라늄 성분이 많을수록 그 물질이 내뿜는 방사선이 강력해진다는 것을 확인하는 데까지는 시간이 별로 걸리지 않았다. 마리 퀴리는 그 실험을 통해 방사선 방출을 우라늄의 원자적인 특성이라고 결론지었고, 이런 간단한 인식은 20세기 원자 구조 연구의 토대가 되었다.

마리 퀴리는 이어 구할 수 있는 여러 광물을 가지고 실험을 시도했고, 그 결과 토륨만이 우라늄과 비슷하게 방사선을 방출한다는 사실을 확인했다. 그녀는 우라늄과 토륨의 새로운 특성에 "방사능"이라는 이름을 붙였고, 1898년 그녀의 임시적인 연구 결과를 프랑스 과학원에 알렸으며 끈기있게 연구를 계속했다. 그리고 이제 남편도 결정학 연구를 그만두고 아내와 함께 우라늄 자체보다 더 강력한 방사선을 내보내는 우라늄 화합물인 역청 우라늄광[4]을 연구하기 시작했다.

다음 몇 년간의 공동 연구는 일반에 널리 알려진 것들로, 퀴리 부부를 둘러싼 신화의 클라이맥스다. 퀴리 부부는 1898년 4월 한 컵 정도(약 100그램 정도)의 역청 우라늄광을 가지고 고전적인 화학 기술을 이용하여 비활성 요소들을 분리해 내기 시작했다. 그리고 7월에 방사성 성분을 발견했다. 퀴리 부부는 정화된 성분으로부터 우라늄보다 훨씬 강력한 방사성을 가진 두 개의 원소를 분리해내었는데, 마리는 그 중 하나에 조국을 기억하면서 "폴로늄"[5]이라는 이름을 붙였고, 다른 하나에는 "라듐"[6]이라는 이름을 붙였다. 라듐은 우라늄보다 방사성이 천 배나 강한, 결과적으로 더 중요하고 재미있는 원소로 밝혀졌다.

방사능 연구를 진행하면서 가장 어려웠던 점은 강력한 방사성 물질인 라듐과 폴로늄이 역청 우라늄광에 아주 소량밖에 함유되어 있지 않다는 것이었다. 따라서 방사성 물질 농축 정도가 백만분의 일에도 못 미쳤다. 중요한 것은 연구를 계속하면서 측정가능한 양의 방사성 물질을 분리해 내는 것이었는데, 이후 꼬박 4년을 들인 후에야 마리 퀴리는 0.1그램 정도의 라듐 염화물을 얻는 데 성공했다. 그로써 그토록 원했던 라듐의 실험이 가능하게 되었고, 라듐 표본을 의학적인 방사선 치료에 사용할 수 있게 된 것이다.

---

5) polonium(Po), 은회색 또는 흑색의 방사성 금속 원소. 방사화학 분석으로 발견한 최초의 원소. **6)** radium(Ra), 알칼리 토금속에 속하는 원소 중 방사성을 띤 가장 무거운 원소. 암 치료나 석유 탐사, 발광도료 등에 폭넓게 쓰였으나 강한 독성이 밝혀진 후 다른 물질로 대체되었다.

[고난과 영광]

거기까지 오는 길은 참으로 험난했다. 측정 가능한 양의 폴로늄과 라듐을 얻으려면 어마어마한 양의 역청 우라늄광이 필요했다. 이를 위해 퀴리 부부는 자그마치 60톤의 우라늄을 다루어야 했다. 그것도 오스트리아 정부가 수송비를 부담하는 대가로 생 요아힘 계곡의 광산 우라늄을 무료로 쓸 수 있도록 지원해 주었기에 가능한 일이었다. 퀴리 부부는 역청 우라늄광 더미를 물리화학 전문 대학 내의 낡은 창고 안팎에 산처럼 쌓아놓았다. 그들이 해야 할 일은 실험실 안에서 할 수 있는 성질의 것이 아니었다.

마리 퀴리는 이 시기 화학자의 역할을 충실히 하여 새로운 성분들을 분리해 내었고 남편은 남편대로 물리학자의 역할을 충실히 하여 화학적 분리 과정에서의 물리학적 특성을 연구했다. 화학적 분리 작업은 정말로 중노동이었다. 엄청난 체력을 요하는 일로, 여자에게는 특히나 힘드는 일이었다. 커다란 양동이를 들고 날라야 했고, 분리 과정을 단계적으로 관리하기 위해 24시간 내내 긴 철막대기로 뜨거운 역청 우라늄광을 저어주어야 했다.

그렇게 힘들게 연구한 지 일 년 후, 퀴리 부부는 이 엄청난 양의 역청 우라늄광으로부터 순수한 라듐을 분리해 내는 작업을 그들만의 힘으로는 할 수 없다는 결론을 내렸다. 그리하여 1899년 피에르가 발명한 물리학 도구들을 도매로 팔고 있던 회사를 찾아가 사업 계획을 제안했다. 그 회사가 퀴리 부부에게 화학 약품과 직원들을 대주고, 그 대가로 나중에 비싼 값에 팔 수 있을 라듐을 제공받는 조건이었다. 엔지니어 앙드레 드비에른이 추출 공정을 맡았고, 마리 퀴리는 거기서 얻어진 염화라듐을 실험실에서 정제했다.

그리하여 1902년 4월 마리는 충분한 양인 0.1그램의 염화라듐을 손에 넣는 데 성공했다. 정말이지 엄청난 육체 노동과 인내와 긴장을 요구했던, 힘들고 지루한 작업 끝에 얻은 결실이었다. 4년간의 노력 끝에 마리는 우라늄 산화물보다 방사성이 훨씬 높은 두 개의 표본을 만들어낼 수 있었고, 그것의 원자 무게를 잴 수 있었다. 염화라듐을 정제하기까지 그 뒤로도 5년간을 더 동일한 정제 과정을 거쳐야 했다.

마리 퀴리가 해낸 염화라듐의 농축과 정제 과정은 그 양이 굉장히 미미하여 눈으로 볼 수 없는 성분을 다루었다는 점에서도 새로운 것이었다. 분석 화학 과정의 성공은 전기적으로 측정되는 방사선의 증가에서 확인될 수 있었다. 피에르와 마리 퀴리의 이런 연구 방법은 그후 오랫동안 방사화학의 기본 작업 방식이 되었다.

1903년 6월 25일 마리 퀴리는 소르본 대학에서 박사학위 면접 시험을 보았고, 소르본 대학의 첫 여자 물리학 박사가 되었다. 거의 백 페이지에 이르는 박사학위 논문 제목은 〈스클로도프스카 퀴리의 방사성 물질에 대한 연구〉였고, 최고 점수를 받았다.

그저 박사학위 논문일 뿐이었던 퀴리 부부의 연구는 주목을 받기 시작했다. 마리가 박사학위를 받은 후 얼마 안 되어 퀴리 부부는 런던 왕립학회로부터 최고의 상인 데이비 메달을 받았고, 같은 해인 1903년 11월 노벨 물리학상을 받았다. 그것은 세번째로 수여된 노벨상이자, 자신의 상을 중요한 발견을 한 젊은 연구자들에게 바치겠다고 한 알프레드 노벨의 말처럼 학자에게 수여된 노벨상이었다.

사실 1903년 노벨상을 처음 받을 무렵만 해도 퀴리 부부의 사회적 위치는 초라했다. 피에르와 마리 퀴리는 대학 교수도 아니었고, 자신들만의 근사한 실험실도 없었으며 재정적인 후원도 받지 못하고 있었다. 퀴리 부부는 노벨상으로 받은 상금의 일부로 실험실에 조수를 한 명 고용하고, 필요한 실험 기구 몇 가지를 샀다. 그러나 노벨상을 받은 이후에도 생계를 위해 계속 강의를 해야 했다. 피에르 퀴리는 소르본 대학의 물리학, 화학, 자연사 강의를 맡았고 마리 퀴리는 파리 근처의 여자 고등학교에서 물리학 시간강사로 일했다.

1904년 11월, 피에르 퀴리는 드디어 파리 대학의 교수가 되었고 세 명의 조수가 딸린 실험실을 배정받을 수 있었다. 마리 퀴리는 그 세 명의 조교 중 수석 조교로 채용되었다. 수년간 학문 연구에 투자만 한 끝에 결국 마리 퀴리도 정규적인 월급을 받게 된 것이다.

[함께 쓴 실험일지]

마리 퀴리의 독자적인 커리어는 남편이 비극적으로 사고로 세상을 떠난 뒤에야 비로소 시작되었다. 그동안 아홉 살된 이렌과 두 살된 이브의 어머니가 된 38세의 미망인은 꽤 많은 국가 연금에 만족하지 않고 남편의 뒤를 이어 소르본 대학의 교수가 되었다. 1906년에 임시 교수가 되었고 2년 후 정교수가 되었다. 그리고 부단한 연구를 거듭하여 1911년 브뤼셀에서 열린 국제 학회에 22그램에 달하는 순수 라듐 화합물 견본을 제출했다. 이 라듐 화합물은 "국제 라듐 표준"으로 선언되었고, 그로부터 "퀴리"라는 이름은 1그램의 순수한 자연 상태의 라듐이 내뿜는 초당 방사성 단위가 되었다. 1911년 11월 마리 퀴리는 두번째 노벨상, 이번에는 노벨 화학상을 받게 되었다. 공동 수상이 아닌 단독 수상이었다.

마리 퀴리의 "공직 생활"은 두번째 노벨상 수상 이후 23년간이나 지속되었다. 마리는 세월이 지남에 따라 점점 많은 직원을 거느리고 남편과 공동으로 하려고 했던 연구들을 계속할 수 있었으며, 실험실 직원은 마리에게 가족이나 다름없었다. 마리 퀴리는 1919년부터 1934년 작고하기까지 31편의 논문을 써냈다. 이 기간 동안 그녀의 연구소에서 나온 논문은 자그마치 483편이었다. 그 결과 퀴리 부인에게는 국제적인 명성과 많은 상, 명예 박사학위들이 주어졌다. 마리는 상을 받을 때마다 피에르에 대한 기억을 상기시키려 최선을 다했다. 1908년에 마리는 피에르의 전집을 펴내며 거기에 서문을 썼고, 1923년에는 남편에 대한 전기를 썼으며 말년에도 남편과 관련한 연구를 계속 했다.

모든 학자 부부의 공동 연구 기간 중에 마리와 피에르 퀴리가 함께 했던 11년간의 공동 연구 기간보다 풍요로운 결실을 거둔 때는 없었다. 퀴리 부부의 경우 처음에는 아내보다 여덟 살 연상이었던 피에르가 연구 경험에 있어, 학문적 통찰에 있어서, 그리고 이미 이루어놓은 업적에 있어서 아내보다 우위에 있었다. 이제 막 대학을 졸업한 햇병아리 학자로서 마리의 첫번째 학문적 걸음마는 피에르가 몸담고 있던 물리화학 학교 실험실에서, 게다가 자기력이라는 피에르의 전공 분야에서 이루어졌다. 그 결과 학계에서는 논문을 인정하긴 했지만 마리 퀴리만의 독자적인 것으로는 보아주지 않았다.

마리가 박사학위 논문 주제를 선택할 때에도 피에르는 결정적으로 영향을 끼쳤다. 피에르는 앙리 베크렐이 막 발견한 우라늄의 자연 방사가 도전해 볼 만한 학문의 신대륙이라는 것을 아내보다 더 잘 알고 있었다. 특히 피에르가 다른 수천 개의 물리학 테마를 제쳐놓고 아내에게 이 주제를 권했던 이유는 자신이 형 자크와 함께 개발한 전위계 덕분에, 그리고 전위계를 다루어 본 경험 덕분에 마리가 다른 연구자들보다 베크렐의 방사선을 양적으로 측정하는 데 유리한 위치를 점할 수 있다는 판단에서였다.

마리 퀴리가 실험을 시작한 후에도 남편은 그녀에게 지속적으로 조언을 아끼지 않았다. 마리 역시 논문을 진행하면서 일일이 남편과 상의했다. 그리고는 어느 순간 그것으로 충분하지 않게 되자 남편은 조언을 해 주던 것에서 한 걸음 더 나아가 함께 연구하기 시작했다. 피에르는(틀림없이 학문적인 호기심에서) 결정학에 대한 자신의 연구도 미루고 아내가 라듐을 발견을 하는 것을 돕기로 작정했던 것이다.

실험 일지가 원본 그대로 남아있기에 우리는 부부 각자가 어느 정도로 연구에 참여했는지를 정확히 알 수 있다. 초반의 일지에는 마리 퀴리의 필체가 대부분이고, 가장자리에 때때로 피에르의 조언이 등장한다. 그러나 측정이 중요한 의미를 갖는다는 것이 확실한 시점부터는 같은 페이지에 두 사람의 필체가 자주 교대되고 있다.

그러다가 두 사람의 공동 연구는 위기의 순간을 맞게 된다. 우라늄의 기술적인 처리가 너무 힘들다는 이유로 피에르가 심각하게 그 투쟁을 포기하고자 했던 것이다. 피에르는 일단 라듐의 분리는 나중으로 미루고 먼저 새로운 방사선의 존재를 규명하겠다고 했다. 새로 발견한 라듐을 물리학적으로 연구해 보겠다는 것이다.

그러나 마리 퀴리는 그 의견에 반대했다. 마리는 전 세계의 화학자들이 라듐을 인정할 수 있으려면 그것을 직접 눈으로 보고, 측정해 보고, 원자 무게와 다른 특성들을 확인해 보아야 한다는 의견이었다. 마리 퀴리는 남편을 설득했고, 결국 부부는 마리가 화학자로서 새로운 성분을 분리하는 일을 하고, 피에르는 화학적인 분리의 다양한 과정에서 그 성분의 물리학적 특성을 연구하기로 합의했다. 그러므로 적어도 이 시점부터는 비판적인 관찰자들도 마리 퀴리의 부단한 노력과 열성이 공동 연구의 결정적인 몫을 차지했음을 인정할 수밖에 없다.

라듐을 분리하는 연구가 계속 진행되면서 성공에 결정적인 역할을 한 것은 마리 퀴리의 억척스러움이었다. 라듐의 화학적 분리작업은 정신적인 연구보다는 육체적인 중노동에 가까웠다. 공동 연구에서 마리 퀴리가 맡은 일은 육체적으로 너무 힘든 일이었고 여자로서 정말이지 고통스러웠을 것이다. 작고 연약한 여성이 역청 우라늄광이 든 무거운 통을 들어 다른 통에 옮겨붓고, 어떤 때는 온종일 거의 자기 키만한 쇠막대기로 뜨거운 김이 나는 액체를 저어야 했으니 말이다. 마리 퀴리의 인내심과 에너지, 의지력과 흔들리지 않는 결단성, 연구에 대한 고집스러운 헌신은 남편으로 하여금 마리를 도와 연구를 계속하도록 이끌었고 결국 성공을 거두게 했다.

어찌 보면 마리 퀴리의 성공은 그녀의 지구력의 대가였다. 퀴리 부부의 위대한 학문적 업적은 라듐과 폴로늄의 발견, 그리고 라듐과 폴로늄의 방사성이 원자의 본질적인 특성이라는 점을 발견한 것이었다. 그에 반해 라듐 염화물을 정제하고 원자 무게를 재는 것은 학문적으로 볼 때 어쩌면 평범하고 부차적인 문제였다. 그러나 마리 퀴리는 어려운 상황 속에서도 그 일을 그만두지 않았다.

마리 퀴리는 애초부터 남편과의 긴밀한 학문적 협동 속에서 자신이 독립적인 과학자로 인정받으려면 스스로 그만큼 더 애써야 한다는 것을 잘 알고 있었다. 사실 많은 학자들이 여성이 그런 독창성있는 연구를 할 수 있었을까 의심했다. 심지어 마리의 오랜 스승이자 박사학위 논문 담당교수였던 가브리엘 립만조차 1903년 스톡홀름의 노벨 위원회에 노벨상 수상자 후보로 피에르를 추천하면서 마리의 이름은 언급조차 하지 않았다.

마리 퀴리는 자신이 경시당하는 것에 대해 매번 한술 더 뜨는 방식으로 대처했다. 방사선에 대한 마리의 첫번째 논문의 첫 마디는 "나는"이었다. 그리고 그 후에도 기회가 있을 때마다 명백하게 어떤 연구 결과가 그녀의, 아니 "그녀만"의 성과물임을 강조했다. 물론 동료, 무엇보다 남편의 업적을 강조했지만 결코 자신의 지적 소유권에 대한 의심을 용납하지 않았다.

그리고 수줍고 내성적이었던 그녀였지만 자신의 특별한 관심 분야인 방사성에 관한 논쟁에서만큼은 지지 않았다. 토론을 할 때마다 동료들은 대화를 주도하는 것은 남자들이 아니라 마리 퀴리라는 것을 다시금 깨닫곤 했다.

이런 상황에서 1905년 6월 스톨홀름에서 피에르가 부부를 대표하여 연구에 대한 공개 강연을 했을 때 청중 속에 끼여 앉아 있었던 마리의 심정이 어땠을까? 마리 퀴리가 자발적으로 남편을 앞

세웠는지, 아니면 발표권을 억지로 넘긴 것인지는 알 수 없다.

그러나 1911년 비로소 마리는 자기 자신을 변호할 확실한 기회를 붙잡게 되었다. 모두가 인정하는 두번째 노벨상 수상! 이제 그녀의 업적을 의심하는 사람은 아무도 없었다. 그때까지 마리는 너무나도 자주 그녀의 학문적 공적이 순전히 피에르 덕분이라는 소리를 들어와야 했다. 그러나 이제 그녀는 청중들 앞에서 아무도 흘려듣지 않을 만큼 인칭대명사와 소유대명사를 자유자재로 바꿔가며 자신의 업적을 확실히 밝힐 수 있었다. 마리는 "내가 방사성이라고 부르는"이라는 말로 자신의 연구 대상을 칭했고 "방사성이 원자의 특성이라는 나의 가설에 대하여"라고 말했다. 마지막으로 그녀는 다시 한 번 "나는, 순수한 염의 상태에서 방사능 물질을 분리해서 그것을 새로운 요소로서 규정하는 것을 목적으로 한 화학 연구 작업을 수행했다."고 힘주어 강조했다.

이어지는 가문의 영광 | 이렌 & 프레데리크 졸리오-퀴리

이렌 졸리오-퀴리 Irène Joliot-Curie(1897-1956)

퀴리 부부의 맏딸로 남편과 함께 인공 방사성 원소를 발견하여 1935년 노벨 화학상을 공동 수상했다. 어머니 마리 퀴리의 영향으로 자연스럽게 학문의 길로 들어섰으며 다른 여성 학자들과 달리 평탄하게 학자의 길을 걸었다. 행정 관료로서도 능력을 과시하기도 했지만 어머니처럼 백혈병으로 사망했다.

프레데리크 졸리오-퀴리 Frédéric Joliot-Curie(1900-1958)

폴 랑주뱅의 추천으로 마리 퀴리의 조교가 되었고 거기서 이렌을 만나 결혼했다. 아내와 공동연구 중에 인공 방사성 원소를 발견하여 노벨상을 수상하였다. 사회당과 공산당, 파시즘에 대항하는 지식인 모임 등에 가담하는 등 이런 사회적 활동으로 몸을 숨겨야 하기도 했다. 과학자로서 명망이 높은 장인 장모를 만나 얻은 부담감도 없지 않았지만 퀴리 가를 계승하는 데 별 주저함이 없었다.

1897년 9월 12일 젊은 퀴리 부부의 가계부의 "특별 지출" 란에는 이렇게 기입되어 있었다. "샴페인 – 3프랑", "전보 – 1프랑 10상팀", "약값과 간호비 – 71프랑 50상팀" 퀴리 부부가 이렇게 특별 지출을 많이 한 것은 딸 이렌이 태어났기 때문이었다.

출산 직후 젊은 엄마 마리 퀴리는 다시금 공부에 돌입해야 했고, 아기 침대 옆에 웅크린 채 강철의 자기력에 관한 논문을 준비했다. 그것은 마리가 2년 동안 남편의 실험실에 상주하며 준비한 그녀의 첫 연구 논문이었다. 또한 같은 해에 마리 퀴리는 박사학위 논문을 준비하기 시작했다. 마리는 남편 피에르와 함께 앙리 베크렐이 발견한 우라늄 방사선을 연구했고 곧 새로운 방사성 물질인 폴로늄과 라듐을 발견하게 된다. 그 연구는 1903년 7월 마리에게 박사학위를 안겨주었고, 그해 말 마리는 남편, 그리고 베크렐과 함께 노벨 물리학상을 수상했다.

이윽고 1911년 마리 퀴리가 스톡홀름에서 두번째 노벨상을 탔을 때 그녀 옆에는 열네 살 난 딸이 앉아 있었다. 그녀의 이름은 이렌. 그리고 24년 후 바로 그 자리에서 이렌 역시 노벨 화학상을 수상했다. 자연과학 분야에서는 어머니에 이어 두번째로 여성 노벨상 수상자가 되었던 것이다. 그리고 오늘날까지 이 모녀의 뒤를 이은 여성은 여덟 명에 불과하다.

다른 여성들이 온갖 선입견과 싸우며 힘들게 자연과학 공부를 했던 시대에 이렌 퀴리는 비교적 쉽게 학문의 길에 들어설 수

졸리오-퀴리 가족. 이렌은 어머니와 달리 아이들에게 정성을 많이 쏟았다.

있었다. 사실 이렌은 그 전의 어떤 여성보다 학문하기에 유리한 환경에서 태어나고 자라났던 것이다.

이렌의 어린 시절, 그녀의 인격에 깊은 영향을 끼쳤던 사람은 할아버지 외젠 퀴리였다. 아내와 사별한 후 퀴리 부부 집으로 들어온 할아버지는 이렌과 가장 많은 시간을 함께 했던 가족이었다. 어머니는 하루 종일 실험실에서 일했고, 아버지는 1906년 불의의 교통 사고로 운명을 달리했으니 말이다. 1848년 혁명에 참가하고

1871년 의사로서 파리 코뮌의 바리케이트 뒤에서 병원을 돌보았었던 외젠 퀴리 박사는 손녀에게 민주적이고 사회적인 이상을 심어 주었다.

그러다가 할아버지 외젠 퀴리가 세상을 떠나자 폴란드에서 온 가정부들이 열두 살 난 이렌과 일곱 살 난 이브를 돌보게 된다. 가정부는 자주 바뀌었다. 이렌이 커가면서 딸들의 교육에 대해 고심하던 마리는 큰 딸 이렌이 초등학교를 졸업하자, 정규 중학교에 보내지 않고 같은 연배의 아들딸을 둔 대학 동료들과 함께 동아리를 만들어 서로 과목을 나누어 맡아 열 명의 아이들이 수준 높은 교육을 받도록 했다. 마리 퀴리는 물리학, 폴 랑주뱅[7]은 수학, 장 페랭은 화학, 그리고 그의 아내 앙리에테는 역사와 지리를 가르쳤다. 그들은 2년간 이 야심찬 계획을 끌고 나갔다. 가끔 열리는 특강은 이렌에게 수준 높은 과학 지식에 눈뜨게 했고, 어머니 같은 사람이 되고 싶다는 야망을 불러일으켰다. 이렌은 이어 콜레주 세비네에서 대학 입학 자격시험을 준비하고, 1차 대전이 발발하기 직전 소르본 대학에 입학했다.

[라듐을 질투하던 아이]
어린 시절 이렌 퀴리는 작고 개성있는 아이였다. 푸른 눈에,

---

10) Paul Langevin(1872-1946), 프랑스의 물리학자. 2차 X선 연구로 유명하다.

짧은 머리, 동작이 둔하고 비사교적인 아이, 그녀는 동생 이브와는 모든 면에서 달랐다. 이브는 예쁘고 우아하고 붙임성이 있었다. 이렌은 부모님의 학문적 재능만 물려받은 것이 아니라 그들의 수줍은 성격까지 그대로 물려받았던 것이다. 1903년 퀴리 부부가 노벨상을 수상하자 세간의 관심이 그들에게 집중되었고 많은 언론진과 손님들이 퀴리 부부의 집을 찾았다. 이 시기 이렌은 외롭고 고독했다. 부모님은 대부분의 시간을 그들의 또 다른 아이인 라듐에 쏟았다. 이렌은 라듐에 대해 질투가 났고, 1904년에 태어난 동생 이브에게 샘이 났다. 그래서인지 이렌은 약간 독특한 방식으로 엄마의 관심을 끌기도 했다. 그녀는 먹는 것을 거부하여 오늘날 소위 거식증이라 불리는 증상을 보였다.

그러나 1906년 피에르 퀴리가 사망한 후 마리는 큰 딸에게 굉장한 관심과 애정을 쏟게 된다. 이렌이 아빠를 꼭 빼닮았기 때문인지 딸과 엄마 사이에는 깊은 정신적 유대가 성립되었다. 이렌은 소녀 시절에 이미 엄마의 중요한 대화 상대가 되었고, 세월이 갈수록 아빠를 대신하는 학문적 파트너이자 동반자 역할을 하게 되었다.

대학 입학 자격시험을 치른 이렌은 엄마와 똑같은 과정을 밟는다. 1914에서 1920년까지 소르본에서 물리학과 수학을 공부했고 두 분야에서 학사학위를 받은 후 간호사 과정을 밟아 1차 세계대전 중 몇 개월 동안 프랑스 군대의 적십자 구호반원으로 활동했다. 거기서 그녀는 어머니를 도와 X선으로 부상을 당한 군인들을 치료했다.

열일곱 살의 소녀는 이미 성숙해서 어머니와 같은 심신의 강인함을 보였고 열여덟이 되었을 때 마리 퀴리가 설립한 플랜더른의 앵글로 캐내디언 병원의 방사선과를 배후에서 이끌어나가기에 부족함이 없을 정도였다. 또한 순회 X선 시설의 수가 점점 늘어나자 어머니를 도와 직원들을 교육시켰다.

어머니와 딸의 연대감은 전쟁 후 공동의 학문적 관심사를 추구하면서 더욱더 견고해졌다. 1918년 이렌은 어머니가 소장으로 있는 파리 라듐연구소의 조수가 되었다. 그리고 1921년에는 독자적인 연구를 시작했다. 그녀의 첫번째 연구 주제는 폴로늄의 알파 방사 거리에 관한 것이었다. 그리고 1925년 3월 이 연구 결과를 바탕으로 박사학위 논문을 완성했다. 논문 겉장에 그녀는 이렇게 썼다. "마담 퀴리를 위하여, 그녀의 딸이자 제자로부터."

학우들과 동료들에게 이렌 퀴리는 예전의 어머니와 비슷하게 수수께끼 같은 인물이었다. 예전에 마리 퀴리가 그랬듯 부드럽고 여성적인 외모도 이런 인상을 반감시켜 주지는 못했다. 20대 후반의 이렌은 말수가 적고, 냉정하고 무뚝뚝했으며 철저하게 자신감으로 충만했고 이기적이었다. 1925년 그녀가 추구하는 삶이 여성이 걷기에는 너무 힘든 삶이 아니냐는 기자의 질문에 그녀는 이렇게 대답했다. "전혀 그렇지 않습니다. 나는 남성과 여성의 자연과학적인 능력이 똑같다고 믿습니다.…단 여성이 여성적인 의무 따위로 시간을 빼앗기지 않는다는 전제 하에서요.…내 경우는 학문이 인생 최고의 관심사입니다."

그로부터 일 년 후 어느 날 아침 식사 시간에 이렌은 어머니에게 결혼하겠다는 의사를 밝혔다. 그녀의 선택은 프레데리크 졸리오였다. 폴 랑주뱅의 추천으로 마리 퀴리의 실험실 조교가 된 사람이었다. 졸리오는 명석하고 외모도 수려한 매력있는 청년으로 이렌보다는 세 살 연하였다. 이렌과 프레데리크는 1926년에 결혼했고, 졸리오는 자신의 성 뒤에 아내의 유명한 성을 덧붙였다. 나쁜 말 하기 좋아하는 사람들은 그 결혼이 오래가지 못할 거라고 험담을 했다. 그러나 결혼은 학문적으로뿐 아니라 개인적으로도 성공적이었다. 그들과 그들이 낳은 아이들—아들과 딸은 나중에 부모처럼 자연과학자가 되었다—을 통해 퀴리 집안은 3대째 학자 집안의 명맥을 이어갔다.

프레데리크의 존재는 이렌의 정신 건강에도 도움이 되었다. 이렌은 강한 어머니 슬하에 있을 때보다 한결 유연하고 행복해 했다. 그리고 어머니가 되어서는 마리 퀴리보다 자녀들에게 시간을 더 많이 할애했다.

[반 씩 나눈 수상 소감]

이렌과 프레데리크 졸리오-퀴리 부부는 이렇다 할 학문적인 성과를 거두기 전부터 이미 스포트라이트를 받는 학자 부부였다.

그리고 이런 기대에 부응하는 성공적인 연구는 두 사람에게 세계적인 명성을 안겨주었다. 그들은 33편의 공동 논문을 발표했고, 이렌은 42편, 프레데리크는 44편의 개별 논문을 발표했다. 개별적으로 발표한 논문이 훨씬 많은 것은 그들 부부의 공동 연구 기간이 1929년부터 1935년까지 5년을 넘지 않았기 때문이다.

프레데리크 졸리오는 여러 면에서 아내와 대조적이었다. 그러나 이런 반대 성격은 서로를 탁월하게 보완했다. 이렌과 남편 사이의 긴밀한 협동 연구는 퀴리 부부와 마찬가지로 결혼한 지 3년 후인 1929년부터 시작되었다. 그들의 공동 연구 주제는 폴로늄에서 배출되는 알파선을 연구하는 것이었다. 이 연구는 어렵고 위험한 것이었다. 폴로늄에서 높은 독성이 나오기 때문이었다.

이 어려운 연구에서 졸리오-퀴리 부부는 예전의 피에르와 마리 퀴리 부부가 그랬듯이 서로를 보완하는 훌륭한 파트너였다. 민감한 전위계를 발명하여 마리로 하여금 약한 방사선까지 측정할 수 있도록 했던 장인 피에르처럼 프레데리크 졸리오도 새로운 실험 기구를 만드는 데 일가견이 있었다. 1931년 그는 윌슨의 안개상자를 보완한 안개상자를 만들었다. 전하가 실린 입자들의 경로를 과포화 상태의 수증기 응결을 통해 보이게 만들었던 것이다. 퀴리 부부에게 있어 피에르가 그랬듯 협동 연구의 초기에는 학문적인 경험과 나이가 많은 이렌이 주도권을 가졌다. 그러나 박사학위 논문 주제였던 폴로늄에 대한 연구로 프레데리크는 부부 공동의 연구에 중요한 역할을 하기 시작했고 물질과 방사선의 상호작용을 연구하는 데 없어서는 안 될 아주 얇은 금속판 제조의 전문가로 성장했다.

1930년대에 방사능에 대해 연구하던 학자가 졸리오-퀴리 부부 만이었던 것은 아니었다. 캠브리지 카벤디시 실험실의 어니스트 러더포드와 제임스 채드윅[8], 로마의 엔리코 페르미[9], 그리고 베를린 빌헬름 카이저 연구소의 오토 한[10]과 리제 마이트너[11]도 방사능을 연구했다. 그들 중 졸리오-퀴리 부부가 가장 폭넓은 실험적 지식을 가지고 있었다. 그러나 졸리오 부부는 이론 쪽이 약간 취약했고 그 면이 다른 경쟁자들을 더 유리하게 만들었다. 이렌과 프레데리크는 그들이 실험한 자료들의 이론적 의미를 제대로 파악하지 못하여, 중성자 발견을 위한 길을 다 닦아놓고도 정작 중성자 발견은 놓치고 말았다. 결국 입자로서의 중성자 발견은 캠브리지의 채드윅의 영광으로 돌아갔다.

하지만 졸리오-퀴리 부부는 용기를 잃지 않고 중성자들을 실험적으로 연구하는 데 착수했고, 곧 중성자의 질량과 방사 속도를 알아내는 데 성공했다. 1933년 10월 브뤼셀에서 열린 솔베이 학회

---

8) James Chadwick(1891-1974), 영국의 물리학자. 중성자의 발견으로 1935년 노벨 물리학상을 받았다. **9)** Enricos Fermi(1901-1954), 이탈리아 태생 미국의 물리학자. 중성자 유도 방사능을 발견했으며 최초의 제어된 핵 연쇄 반응을 지휘했다. **10)** Otto Hahn(1879-1968), 독일의 화학자. 프리츠 슈트라스만 등과 함께 핵분열을 발견했다. **11)** Lise Meitner(1878-1968), 독일의 물리학자. 오토 한, 프리츠 슈트라스만과 함께 우라늄의 분열을 발견했다.

에서—마리 퀴리도 병약해진 몸으로 그곳에 참석했다—이렌과 프레데리크는 원자핵 조사(照射)에서 방출되는 알파선의 응용에 대한 강의를 했다. 그러나 반응은 좋지 않았다. 특히 리제 마이트너가 실험 결과의 정확성에 대해 의문을 제시했다.

하지만 결국 승리는 졸리오-퀴리 부부에게로 돌아갔다. 1934년 1월 중순 이들은 자신들의 이름을 물리학사에 길이 남길 결정적인 실험에 들어갔다. 이렌과 프레데리크는 우선 알미늄 판에 알파 입자들을 쬐었다. 그리고 조사를 중단했을 때, 그럼에도 불구하고 계속적으로 양전자들이 방출되는 것을 관찰했다. 졸리오-퀴리 부부는 원래의 물질이 방사성 규소 동위원소로 변했음을, 즉 그들이 원자핵을 다른 것으로 변화시켜 처음으로 인간의 손으로 방사성 원소를 생산해 냈음을 깨달았다. "인공 방사능"을 만든 것이다.

이 발견은 졸리오-퀴리 부부에게 노벨 화학상을 안겨주었다. 그것은 퀴리 가에 주어진 세번째 노벨상이었다. 마리 퀴리는 딸과 사위의 학문적인 진보에 대해 기뻐했다. 그러나 딸과 사위의 노벨상 수상 소식은 미처 듣지 못한 채 세상을 떠났다. 마리 퀴리가 살아있을 때 이렌과 프레데리크는 인공 방사성 동위원소를 작은 유리관 속에 넣어 어머니에게 선물했다. 예전에 퀴리 부부가 라듐 발견에 경탄하는 학자들에게 라듐을 유리관 속에 넣어 선물하곤 했던 예를 그대로 따랐던 것이다.

30년 전 퀴리 부부가 노벨상을 수상할 때 피에르가 수상 연설을 전담하고 마리는 그저 한쪽에 조용히 앉아있었던 것과는 달리, 그들의 경우는 연설을 분담해서 했다. 이렌이 발견에 이르게 된 경위에 대해 보고했고, 프레데리크는 인공 동위원소를 화학적으로 검증한 경위를 보고했다.

노벨상 수상 후에 졸리오-퀴리 부부는 각자 서로 다른 대학의 교수로 지명되었고, 그것은 그들의 공동 연구의 막을 내리게 했다. 1937년 이렌은 소르본에, 프레데리크는 콜레주 드 프랑스에 몸담게 되었던 것이다. 프레데리크는 세 개의 실험실을 지을 재원을 지원받아, 핵분열 과정에 몰두했으며 1939년부터는 연쇄반응의 가능성에 대해 연구했다.

이렌은 이렌대로 프레데리크가 라듐연구소를 떠난 이후에도 다른 동료들과 함께 방사 화학 실험을 계속했다. 그녀는 중성자를 조사할 때 우라늄 핵으로부터 생겨나는 산물을 연구했다. 베를린의 오토 한과 리제 마이트너가 연구했던 것과 같은 주제였다. 그리고 1938년 우라늄을 중성자로 조사했을 때 반감기 3.4시간에 이르는 방사성 입자들이 생겨나는 것을 확인했다. 그리고 그들의 화학적 특성이 악티늄이나 란탄과 비슷하다는 것을 확인했다.

그러나 이렌이 이런 관찰을 미처 이론으로 정립시키지 못한 상황에서 그녀의 라이벌이라고 불리던 리제 마이트너가 한발 앞서 나갔다. 리제 마이트너는 1938년 크리스마스 즈음 스웨덴 망명지에서 조카인 오토 로버트 프리슈와 함께 오토 한의 바륨 연구를 근거로 원자의 핵분열을 해석해 냈다. 프레데리크 졸리오는 훗날 굉장히 유감스럽게 사실은 자신과 이렌이 독일 팀에 앞서 핵분열을 발견한 바 있다고 언급한 바 있다.

2차 대전 때 독일이 공격해 오던 시기, 이렌은 동료들과 함께 연구소에 머물렀다. 프레데리크 졸리오가 공산주의적인 저항에 참여했던 반면 이렌은 남편 걱정을 하면서 어린 자녀들을 돌보았다. 남편이 밖에서 권위를 인정받기 시작할 때 이렌은 오히려 가정 생활, 특히 1927년에 태어난 딸 엘렌과 1932년에 태어난 아들 피에르에게 매달렸던 것 같다. 1944년 프레데리크는 정치적인 이유로 몸을 숨겨야 했고, 이렌은 두 아이와 함께 스위스로 도피했다.

그러나 다시 해방된 프랑스에서 졸리오-퀴리 부부는 새롭게 학문적으로 또, 정치적으로도 활발히 활동하게 된다. 프레데리크는 프랑스 국가 연구소 중의 최고봉인 국립 과학연구소 소장이 되었다. 이렌은 전에 30년 동안 몸담았던 라듐연구소 소장이 되었으며, 그 밖에도 프레데리크가 설립을 위임받은 프랑스 원자력 위원회의 세 명의 위원장 중 한 명으로 발탁되었다. 사실 이렌은 1936년에 정치계의 여성 운동의 물결을 타고 사회주의자 레옹 블룸[12]에 의해 첫번째 여성 내각위원으로 뽑혀 잠시 동안 임시정부의 과학부 장관을 지내기도 했었다. 그러나 행정은 금방 지루하게 느껴졌

---

12) Léon Blum(1872-1950), 프랑스의 정치가. 1936-1937년에 인민 전선 내각을 이끌면서 최초의 사회당 총리를 지냈다.

고 이렌은 2개월 만에 장관직을 그만뒀다. 1946년, 원자력 위원회 위원장으로서의 정치계로의 두번째 외도는 4년 동안 이어졌다. 그러나 1950년 프레데리크가 공산주의에 대한 우호적인 태도로 원자력 위원회에서 해임되자 이렌도 연대책임을 지고 위원장직에서 물러났다.

그러나 정치적인 고립과 갈수록 나빠지는 건강도 이렌 졸리오-퀴리의 학문에 대한 열정을 멈추게 하지는 못했다. 그녀는 이제 파리 남쪽 오르세에 핵물리학 연구소를 건립하기 시작했다. 그러나 정작 그곳의 완성을 보지 못하고—나중에 이렌의 딸 엘렌 랑주뱅이 그 시설을 이용했지만—1956년 3월 17일 58세를 일기로 파리에서 작고했다. 남편보다 2년 먼저 어머니처럼 급성 백혈병으로 사망한 것이다. 수년간 무방비로 자신을 방사선에 노출시킨 결과였다. 죽음조차 그녀가 일생동안 동일시했던 어머니를 따랐던 것이다.

[운명의 길을 가다]

이렌 퀴리는 학문적으로 독특한 이력을 밟았다. 그녀는 유명한 노벨상 수상 부부인 퀴리 부부의 딸로서 스스로도 노벨상 수상 부부가 되는 길을 선택했다. 남성 중심의 보수적인 프랑스 물리학계에서 그녀의 삶과 혁명적인 연구는 앞서 어머니가 갔던 길보다는 덜 고단했다. 그녀의 가족적인 배경은 특별한 방식으로 자신의 길을 택하게 했고, 과부가 된 어머니는 전의 어떤 여성과도 비교할 수 없는 역할 견본이 되어 주었다. 그리고 이렌의 딸 엘렌 역시 다시 비슷한 경험을 했다.

엘렌은 할머니와 어머니처럼 핵 물리학자가 되었고, 동료 학자 중에서 남편을 골랐다. 한때 할아버지 피에르 퀴리의 제자였으며 피에르가 죽은 뒤에 할머니 마리 퀴리와 짧은 연애를 하기도 했던, 폴 랑주뱅의 손자인 미셸 랑주뱅과 결혼했던 것이다. 또한 이렌의 아들 피에르도 마찬가지로 과학자가 되었다. 그는 생물학자가 되었고 역시 동료 생물학자와 결혼했다.

이렌 퀴리는 일생동안 퀴리 가의 본업을 떠나지 않고 미지의 세계로 용감하게 전진했다. 어머니가 갔던 길을 가는 것은 그녀에게는 너무나도 당연한 일이었다. 그녀는 단 한순간도 다른 길을 가는 것을 생각지 않았다. 어떤 사람들은 그래서 이렌 퀴리를 보면서 "이오카스테 콤플렉스"를 떠올리기도 한다. 전설에 의하면 이오카스테는 그리스 왕비이자 오이디푸스의 어머니로 숙명적으로 자신의 아들과 결혼하게 된다.

이렌 퀴리는 일찍부터 어머니가 소장으로 있던, 전 세계의 학자들이 그렇게 일해 보고 싶어하는 라듐연구소에서 일을 할 수 있었다. 이렌이 소르본 대학에서 박사학위를 받았을 때 그녀에겐 대단한 언론 세례가 쏟아졌다. 그녀는 일찌감치 미래의 각광받는 학자로, 미래의 노벨상 수상자로 지목되었다. 어머니와는 달리 결코 인정받고자 애써 싸울 필요가 없었으며, 그러지 않아도 세간의 커다란 기대를 한 몸에 받았다. 이런 유리한 출발과 어린 시절부터 받았던 수준 높은 교육은 그녀로 하여금 자신있고 독립적인 사고를 하게 해주었다. 이렌은 그렇게 안정적이고 성공적으로 그녀에게 주어진 학문의 길을 갔다.

더욱 놀라운 것은 중년 이후 이렌은 점점 사회적 영향력이 커지는 남편의 그늘에서 오히려 전통적인 아내 역할을 하게 된다는 것이다. 그것은 점점 병약해지는 몸과 오랜 공직생활, 그리고 가족에 대한 걱정 때문이었을 것이다. 1차 대전 때 어머니와 함께 겁 없이 전선을 넘나들며 부상당한 군인들을 치료하던 용감한 소녀와 2차 대전 때 커 나가는 두 아이를 돌보며 남편 걱정을 하는 어머니의 모습은 뚜렷한 대조를 이룬다.

졸리오-퀴리는 세월이 흐르면서 서로 닮아가는 부부는 아니었던 듯하다. 오히려 졸리오-퀴리 부부의 대조적인 성격은 세월이 지나면서 날로 첨예화되었다. 생동감있는 프레데리크가 점점 더 활발하게 공개석상에서 활동했던 것에 반해 내성적인 이렌은 연구와 가족으로 이루어진 자신의 혹성에 침잠했다. 그리고 그런 성격의 차이는 결국 그 둘의 개인적인 위치와 사회적인 명성을 뒤바꾸어 놓았다. 1930년대 초 그들이 함께 연구하기 시작할 때에 프레데리크는 졸리오-퀴리라는 이름을 활용하며 유명한 아내의 집안 덕을 보았었다. 그러나 나중에는 오히려 이렌이 저명한 프랑스의 핵물리학자 남편으로 인해 덕을 보았다. 물론 이렌이 그런 상황으로부터 별달리 얻은 것도 없어 보이고, 하물며 2차 대전 때는 남편의 정치적 운명 때문에 고통을 겪기도 했다고 말한다면 할 말이 없지만 말이다.

이렌은 어릴 때는 어머니의 슬하에서, 늙어서는 남편의 그늘에서, 늘 2인자의 역할을 하는 데 익숙해 있지 않았나 하는 생각이 든다. 음악가이자 저널리스트로 독자적인 영역을 개척했던 동생 이브와는 달리 이렌은 신중하게 엄마가 닦아놓은 학문의 길을 걸었다. 물론 그녀는 어머니가 걸었던 "반자연적인 길"을 그대로 재생산하지는 않았다. 학자 집안의 후손으로서, 아내로서, 어머니로서, 자신의 역할 견본을 재창조했다. 학문적이고 여성적인 환경에서 자라난 그녀는 삶을 "집에서" 영위하기 위하여 모든 것을 했다. 주부로서 부엌에서가 아니라, 과학자로서 친숙한 라듐연구소의 실험실에서 말이다. 그녀는 새로운 생각과 열정으로 퀴리 가의 빛나는 학문적 전통을 이었다.

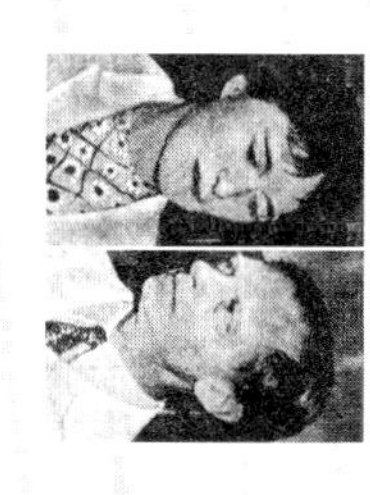

동갑내기 의사 부부 | 게르티 & 칼 코리

게르티 코리 Gerty Cori(1896-1957)

미국의 생화학자. 프라하에서 유태 화학자의 딸로 태어나 프라하의 의학부를 거쳐 빈의 캐롤리넨 소아과 병원에서 전문의 과정을 밟았다. 전망없는 연구 여건과 반유태주의로 고심하다가 미국으로 건너가 연구에 전념하게 된다. 남편 칼 코리와의 공동 연구로 1947년 노벨 생리 의학상을 수상하였다.

칼 코리 Carl Cori(1896-1984)

해양 생물학자의 아들로 태어나 학업을 위해 프라하에서 공부하다가 게르티를 만났다. 인산을 함유한 단당류인 포도당을 발견하고 탄수화물 대사에서 이들이 갖는 보편적인 중요성을 밝혀냈다. 이로써 동물에서 당과 녹말의 상호전환에 호르몬이 미치는 영향을 이해할 수 있게 하여 우사이와 함께 1947년 노벨 생리 의학상을 수상했다.

1947년의 노벨 의학상 수상에는 좀 특별한 점이 있었다. 노벨 의학상이 처음으로 여성, 그것도 세인트루이스 소재 워싱턴 대학에서 고작 실험 조교로 있는 미국의 생화학자 게르티 코리에게 돌아가게 되었던 것이다. 세인트루이스에서는 제때에 낌새를 채고 노벨상 수상 직전, 코리 부인을 교수로 임명했다. 25년간 함께 근육에서의 에너지 신진대사와 동물 조직에서의 엔자임 기능에 대해 연구해 왔던 게르티 코리와 그녀의 남편 칼 코리는 "글리코겐의 촉매적 전환에의 발견"으로 아르헨티나의 동료 알베르토 우사이[13]와 함께 노벨 의학상을 공동 수상하게 되었던 것이다. 알베르토 우사이는 "당 대사를 위한 뇌하수체 전엽의 호르몬적 중요성의 발견"이라는 코리 부부의 연구와 긴밀한 주제로 연구해 노벨상 수상이라는 개가를 이루었다.

게르티와 칼 코리는 수십 년간 부부로서 함께 긴밀한 연구를 해왔다. 코리 부부의 친구이자 동료인 세베로 오코아는 둘은 절대로 따로 떼서 생각할 수 없는 부부라고 말했다. "게르티의 학문적 업적을 칼 코리의 업적과 분리해서 생각하는 것은 불가능하다. 왜냐하면 그들은 첫 공동 논문을 발표한 이래로 한 번도 떨어진 적 없이 계속 같이 연구했기 때문이다." 의학과 생리학을 공부한 게르티와 칼 코리는 분자 영역에서 일어나는 과정들을 유기체의 과

---

13) Bernardo Alberto Houssay(1887-1971), 아르헨티나의 생리학자. 동물의 뇌하수체 호르몬이 혈당량을 조절하는 데 어떤 역할을 하는지 발견하여 코리 부부와 함께 1947년 노벨 의학상을 공동 수상했다.

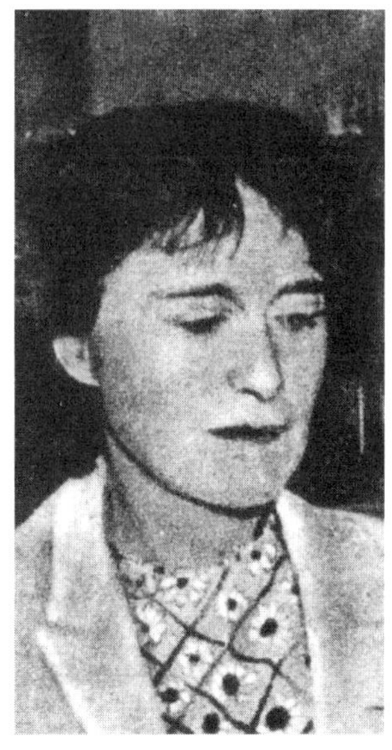

공동으로 노벨 의학상을 수상한 코리 부부. 이들은 함께 생각하고 함께 말한다는
게 절묘한 조화를 이룰 수 있음을 입증했다.

정과 연관시켜 생물학적, 화학적 지식으로 생화학 분야에서 선구
적인 업적을 이룰 수 있었다.

코리 부부는 동갑내기였다. 둘은 당시 오스트리아 헝가리 도
나우 군주국 출신이었다. 게르티는 1896년 8월 15일 프라하에서
게르티 테레사 라드니츠라는 이름으로 유태 화학자의 세 딸 중 맏
이로 태어났다. 그리고 칼 페르디난트 코리는 오랜 학자 집안의 자
손이자 유럽을 선도하는 해양생물학자의 아들로, 1896년 12월 5
일 트리스에스테에서 태어나, 학업을 위해 아버지의 고향인 프라

하로 왔다.

설탕 정제소를 운영하던 게르티 라드니츠의 아버지는 당시 유복한 가정에서 그랬듯이 게르티가 열 살이 될 때까지 정규학교에 보내지 않고 가정교사를 두어 배우게 했다. 그 후 게르티는 여자고등학교에 진학했고 졸업시험에 합격했다. 그러나 그곳의 졸업장은 대학 입학 자격이 되어주지는 못했다. 게르티는 8년 과정의 라틴어 수업을 서둘러 따라잡은 후 외부 수험생으로 대학 입학 자격 시험을 치르고, 1914년 드디어 프라하 소재 독일 대학의 의학부에 등록할 수 있었으며 6년간의 공부를 마친 후 1920년 1월 의학 박사가 되었다.

이 정열적인 빨간머리 소녀는 대학 신입생 때인 열여덟의 나이에 나중에 남편이 될 한 남학생을 알게 되었다. 키가 크고 금발에 파란 눈인 이 남학생은 게르티와 동급생인 칼 코리였다. 칼 코리 역시 이 만남에 대해 기뻐했다. 칼 코리는 나중에 게르티가 있어서 프라하에서 공부하는 게 즐거웠다고 말했다. "나는 한 동급생을 만났다. 매력적이고 삶의 기쁨으로 가득 차 있으며, 자유를 사랑하는 지적인 여학생. 나는 곧 그녀가 좋아졌다. 함께 시간표를 짜서 공부하고 시골로 소풍 가고, 스키 타러 가고.…유쾌한 시간이 이어졌다."

그러나 그런 젊은 날의 행복은 대학 3학년 때에 잠시 중단되었다. 1차 대전으로 칼 코리가 오스트리아 군대에 입대했기 때문이었다. 칼 코리는 1918년 프라하로 돌아왔고 1920년 의사고시에 합격했다. 그러나 의사로 일하기보다는 연구를 계속하고 싶었던 칼은 빈으로 가서 내과 실험실과 대학의 약리학 연구소를 오가며 연구를 하기 시작했다. 칼 코리와 게르티 라드니츠는 1920년 8월 5일 빈에서 결혼식을 올렸다. 칼 코리의 부모는 그 결혼에 대해 별로 탐탁지 않게 생각했다. 며느리가 유태인이라는 것이 아들의 앞날에 장애가 될까 봐서였다.

결혼 후 2년간 게르티 코리는 빈의 캐롤리넨 소아과 병원에서 전문의 과정을 밟았다. 그녀는 한동안 가족적 전통에 따라 프라하 대학 소아과 의사였던 외삼촌처럼 소아과 의사가 되려는 것처럼 보였다. 그러나 임상의학에서 그녀나 칼은 도저히 매력을 느낄 수 없었다. 의사들의 냉소주의와 윤리 부재 때문이었다. 코리 부부는 결국 연구를 계속하기로 결정했다. 그러나 취직 자리는 쉽사리 생기지 않았다. 당시 학업 중에 있는 젊은 견습 의사들에게 월급을 주는 병원은 없었고, 다만 하루 한 끼의 따뜻한 식사가 제공될 뿐이었다. 전후 오스트리아의 경제 사정이 안 좋을 때였다. 거의 모든 사람이 배고픔을 참고 살았다. 게르티는 빈에서 영양실조로 비타민 A결핍증을 얻어 결막과 각막 건조증에 시달렸다. 그나마 형편이 나은 프라하 친정집에 가서 한동안 요양을 하기도 했다. 코리 부부는 전망 없는 연구 현실과 더해 가는 반유태주의로 고심하다가 1922년 미국 이민을 결정했다. 그들은 죽을 때까지 이 선택에 대해 결코 후회하지 않았다. 미국에서 남편 칼은 버팔로의 뉴욕 주립 암 연구소 약리학과에 고용되었고 게르티도 반년 후 남편을 따라 미국으로 갔다. 그리고 그 이후 부부는 일생 동안 다시는 떨어져 지내지 않았다.

[때로는 삐걱거리기도 했지만]

게르티 코리 역시 버팔로 주립 암 연구소에 자리를 얻었으나, 그녀의 자리는 병리학과 내의 실험 조교 자리로 현미경으로 일상적인 검사를 시행하는 곳이었다. 가령 대변 검사 같은 것이 그녀의 업무에 속했다. 보수는 남편 월급의 10분의 1 정도였다.

게르티 코리는 금방 자신의 업무에 만족하지 못하고 남편의 연구에 관여하기 시작했다. 그들은 이미 대학 시절부터 함께 연구하고 글을 써오던 터였다. 그러나 둘의 협동 연구는 이내 연구소 측에 발각되었고, 게르티는 해고 위협을 당했다. 그리하여 이들은 남들 눈에 띄지 않게 공동 연구를 할 수밖에 없었다. 1923년 게르티가 갑상선 추출물과 티록신이 짚신벌레의 번식률에 미치는 영향에 대해 연구 논문을 발표했을 때에야 비로소 연구소 측도 공동 연구를 눈감아 주었고, 코리 부부는 자유롭게 관심있는 주제를 연구할 수 있게 되었다.

그 이후 이들 부부의 공동 연구가 한 번 더 문젯거리로 떠오른 적이 있었는데, 바로 칼이 이웃 대학으로부터 유리한 조건의 교수직을 제안받았을 때였다. 그 자리를 받아들이는 것은 아내와의 공동 연구를 포기하는 것을 의미했다. 칼은 고민하다가 너무 갑작스러운 제안이라며 그 제안을 거절했고, 그 이후에도 그 마음은 변치 않았다. 사실 아내와의 공동 연구를 고집하는 바람에 칼의 직업적인 가능성은 대폭 제한되었다. 왜냐하면 오늘날도 마찬가지지만 당시에는 한 가족의 두 사람을 함께 고용하지 않는다는 암묵적인 규율이 대학 내에 존재했기 때문이었다.

게르티는 세간으로부터 그녀가 공동 연구를 고집해서 남편의 앞날을 가로막고 있다는 비난을 들어야 했고, 30대 중반 그로 인해 눈물을 쏟기도 했다. 사람들은 부인이 남편과 함께 연구하고자 하는 것은 비국가적인 일이며 남편의 출세에 장애가 된다며 그녀를 공격했다.

코리 부부는 훌륭하게 서로를 보완했다. 그들이 함께 있는 것을 본 사람은 그들이 서로의 생각까지 다 읽고 있는 듯한 인상을 받았다. 코리 부부 친구의 아들로 이들을 가까이에서 보았던 저널리스트 에바르츠 그래함은 이렇게 말했다. "그들의 정신적인 과정은 서로 맞물려 있어서 함께 생각하고 함께 말한다. 한 사람이 어떤 생각을 말하면 다른 사람이 그것을 받아서 계속 확장시키고 살을 붙여서, 좀더 보완해 나가도록 상대방에게 넘겨 준다.…그들의 학문적인 연구는 이런 방식으로 완성된다. 그들은 실험에 대해 함께 토론하고 자신들이 관찰한 것을 어떻게 해석해야 할 것인지를 함께 결정한다. 학문적인 의견 충돌조차 다른 연구팀에서와는 달리 결국 유익하게 작용한다."

그럼에도 불구하고 칼 코리는 나중에 부부가 공동 연구를 하는 것이 그리 쉬운 일은 아님을 털어놓은 적이 있다. "그것은 아주 미묘합니다. 서로 주고받음을 요구하고, 서로 팽팽히 맞서 자신의 입장을 포기하려 하지 않을 때에는 삐걱거리게 될 수도 있지요." 코리 부부가 그렇게 조화롭게 공동 연구를 할 수 있었던 것은 그들이 사적으로도 금슬이 좋은 부부였기 때문이었다. 둘은 학문적 관심사뿐 아니라 미술, 음악, 문학, 스포츠에 대한 관심도 함께 나누었다.

버팔로에서 9년을 보내면서 게르티 코리는 일상적인 업무 외에 기본적인 연구를 진행했는데, 이 시기 부부는 포유 동물의 에너지 수급 관계에 대해 함께 연구했다. 당시까지 식사할 때와 육체 노동을 하는 시간에 신체가 어떻게 에너지를 소비하는지에 대해 별로 알려진 것이 없었다. 간뿐 아니라 근육 역시 글리코겐이라는 "당을 생성하는" 성분을 품고 있음이 알려졌을 뿐, 신진대사와 에너지 수급 관계에 글리코겐이 어떻게 기능하는지는 밝혀지지 않았다. 코리 부부는 이 문제를 연구의 중심 주제로 삼았다.

게르티와 칼 코리는 실험하고 있던 동물로부터 당과 글리코겐과 탄수화물 신진 대사에 중요한 기능을 하는 두 가지 호르몬의 양을 측정했다. 게르티 코리는 측정 도구를 개발했으며, 측정의 정확성과 방법의 예리함은 그들 연구의 트레이드 마크가 되었다. 그렇게 열심히 연구한 지 6년 후인 1929년, 코리 부부는 처음으로 포유 동물의 근육에 에너지가 수급되는 원칙을 설명할 수 있었다. 각각의 과정이 아주 복잡했기에 그렇게 많은 세월이 필요했던 것이다.

코리 부부는 에너지 전달을 근육에서 간으로, 그리고 다시 근육으로 되돌아오는 순환으로 묘사했다. 가령 어떤 사람이 달리기를 시작하면 그의 근육에서 글리코겐은 다양한 종류의 당, 특히 포도당으로 변형된다. 근육은 당을 통해서 에너지를 얻고 나머지는 젖산의 형태로 남겨진다. 그리고 일련의 인공적인 단계를 거쳐 인체는 젖산을 다시 포도당으로 바꾼다. 우선 젖산이 근육으로부터 간으로 보내진 다음, 사람이 숨이 가빠서 산소를 강하게 호흡하면 그로써 간은 젖산을 다시 당으로 바꿀 수 있는 것이다. 그리고 당은 다시 근육으로 되돌아가 글리코겐으로 바뀌어 저장된다. 코리 부부는 이런 과정을 "탄수화물의 순환"이라 명명했고 오늘날에는 "코리 회로Cori cycle"이라 불린다.

이런 순환의 발견은 당뇨병 치료에 결정적인 역할을 했다. 인슐린은 이미 1921년에 발견되었지만 인체가 어떻게 인슐린 또는 당을 사용하는지에 대해서는 알려진 것이 별로 없었다. 그러나 코리 회로 덕분에 의사들은 건강한 인체가 영양 섭취와 혈당공급 사이에서 어떻게 균형을 유지하는지 알 수 있게 되었다. 코리 부부의 대중적인 명성은 바로 이 탄수화물 대사의 순환을 발견한 것에서 비롯된다. 물론 생화학자들 사이에서는 그 이후에 연구된 에너지 대사를 유지시키는 효소와 호르몬에 대한 연구와, 효소가 부족하거나 결핍될 때 발생할 수 있는 질병에 대한 연구로 더 유명하지만 말이다.

[마흔살에 얻은 자식]

1931년 게르티 코리는 남편을 따라 미조리 주 세인트루이스 워싱턴 대학의 의학부로 자리를 옮겼다. 약리학과의 생화학 연구 조교 자격이었다. 거기서 그녀는 동물의 탄수화물 대사에서의 당 연구가 아닌, 각 조직의 미생물학적 분석에 관심을 기울였다. 그리고는 모진 노력 끝에 개구리와 토끼의 근육으로부터 각 효소를 분리해내고 그것을 순수한 형태로 제시하는 데 성공했다. 그로부터 비로소 각 효소의 활동에 대한 연구가 이루어질 수 있었다. 글리코겐이 당으로 변형되는 것을 조종하는 효소 "포스포릴레이즈"의 발견은 특히 중요했다.

제2차 대전까지, 그리고 그 후의 세월들은 코리 부부에게 학문적으로 매우 생산적인 시기였다. 부부는 50편의 공동 논문을 발표했다. 누가 얼마만큼 연구에 기여했느냐에 따라 어떤 때는 칼의 이름이 앞에 나왔고, 어떤 때는 게르티의 이름이 앞에 나왔다. 그 밖에도 게르티 코리는 11편, 그리고 칼 코리는 30편의 독자적인 논문을 발표했다.

코리 부부의 경우에서와 같은 긴밀하고 보완적인 협동 연구에서 누가 어떤 부분에 얼마만큼 기여했는지를 규명해내기는 무척 어렵다. 그럼에도 불구하고 사람들은 그것을 궁금해 한다. 밀드레드 콘처럼 코리 부부와 오랜 세월 함께 했던 사람들은 그러나 코리 부부의 경우 두 사람의 창조적 잠재력이 완전히 동일했다고 본다. 둘은 천부적인 실험가들이었고, 학자로서의 자세가 갖춰져 있었으며, 목표를 향해 한결같이 매진했다고 말이다. 물론 칼과 게르티의 성격은 서로 달랐다. 게르티가 생동감 있고 열정적이었으며 날카롭고 순발력있는 이성을 갖추고 있었던 데 반해, 칼은 내성적이고 엄격하고 거리를 두고 숙고할 줄 알았다.

그러나 그런 대조적인 성격은 결혼 생활 전반에 이롭게 작용했다. 코리 부부는 결혼 생활 내내 아주 금슬 좋은 부부로 소문나 있었다. 1936년 8월, 미국 중서부의 기온으로 아주 뜨거운 여름에 아들 칼 토마스가 태어났다. 마흔 살이었던 게르티는 진통이 찾아올 때까지 섭씨 37도나 되는 더위에, 뜨거운 실험실에서 연구에 열중하고 있었다. 당시는 코리 부부가 탄수화물 신진대사의 중간 산물인 포도당-1-인산gluse-1-phosphate을 발견했던 때였다. 이것은 코리 부부의 이름을 따서 "코리 에스테르cori ester"라고 명명되었다.

토마스가 태어난 지 3일 만에 엄마는 다시 실험실 책상에 앉았다. 게르티 코리는 실험실 일과 집안 살림과 육아를 연계시키는 데 아무런 문제가 없어 보였다. 그녀는 가정부를 고용했고 계속 전처럼 일했다. 사람들은 줄담배를 피워댔던 게르티가 담배를 손에 들고 그녀의 실험실을 나와 남편의 사무실로 이르는 복도를 하이힐 굽을 딱딱거리며 걸어가 사무실 문을 다 열기도 전에 따끈따끈한 연구 결과에 대해 커다란 소리로 이야기했던 모습이라든가, 복도에 있는 연구소 전화에서 다른 사람들에게 다 들리도록 생필품을 주문하고, 가정부에게 지시를 내리고, 아들과 학교 숙제를 상의하는 모습을 생생하게 떠올린다.

아들 토마스는 나중에 몇 번 문제를 일으켰고 엄마가 기대하는 열성적이고 학문을 좋아하는 학생으로 자라지는 않았다. 하지만 부모의 영향으로 그 역시 조직화학 분야에서 박사학위를 취득한 후, 기업체에 들어갔다. 그리고는 외할아버지의 사업가적 기질을 물려받았는지 나중에 커다란 생화학 회사의 대표로 성공을 거두었다.

게르티 코리는 남편과 마찬가지로 토요일 오전까지 연구소에 근무했다. 밤 시간과 토요일 오후부터의 주말만이 자유시간이었다. 그녀는 집에서는 되도록 실험실 일에 대해 언급하지 않았다. 그러나 그런 모든 부지런함에도 불구하고 게르티 코리가 학문적으로 인정받기까지는 꽤 오랜 세월이 필요했다. 그녀는 16년간 보잘것없는 급료를 받고 세인트루이스의 연구 조교로 일했고, 1947년

51세가 되어서야 생화학 교수가 되었다. 교수직에 오르기까지 그토록 오래 걸렸던 것은 그녀가 연구만 하고 가르치려 하지 않았기 때문이기도 했다. 그녀는 교수직에 오르고 10년 후 생을 마감할 때까지 그 자리에서 열심히 연구했다.

칼은 1931년부터 세인트루이스 대학에서 약리학 과장을 맡았으며 1946년부터는 생화학과를 이끌었다. 그는 당시 워싱턴 대학 내에서 국립 대학의 친족 등용 금지 원칙을 비판하고 아내와 함께 동등하게 연구할 것을 고집하는 사람으로 유명했다.

교수직에 올랐던 1947년 게르티는 남편과 함께 노벨 의학상을 받았다. 그때까지 공동 연구의 모든 명예는 남편 칼에게만 돌아가고 있었다. 학계에서 코리 부부의 중요성은 그후 세월이 흐르면서 그들과 연구를 함께 했던 여섯 명의 학자들이 노벨상을 수상했다는 데에서 여실히 드러난다. 1959년에는 아서 크론베르크와 세베로 오초아가, 1970년에는 루이스 를루아르가, 1971년에는 얼 서덜런드가, 1974년에는 크리스티앙 드뷔브가, 1992년에는 에드윈 크레브스가 노벨상을 수상했다. 모두 한때 코리 부부와 함께 연구했던 사람들이었다.

[파트너를 보내고]

게르티와 칼 코리는 공동으로 노벨상 수상 연설을 했다. 미리 준비한 연설 원고를 보면 어디에서 칼의 말이 끝나고, 어디에서 게르티의 말이 시작되는지를 알 수 있다. 칼이 준비한 부분은 칼의 성격에 맞게 마치 유클리드의 기하학처럼 정확하고 간결하다. 아내와의 공동 연구의 보완적인 효과에 대해 칼은 "우리의 노력은 본질적으로 보완적인 것이었다.", "서로 상대방이 없었다면 이런 업적에 도달하지 못했을 것이다."라고 분명히 말했다. 칼은 그답게 아내가 사망했을 때에도 국립 과학 아카데미에 추도사를 유보해 달라고 부탁했다. 자신의 죽고 나서 그들의 공동의 연구에 대한 평가가 따라야 할 것이라고 말이다.

노벨상을 받자 하버드 대학, 버클리 대학, 록펠러 재단 같은 여러 저명한 대학에서 코리 부부에게 교수직을 제안해 왔다. 하지만 코리 부부는 그동안 세인트루이스를 사랑하게 되었으며 그곳에 예쁜 집을 갖고 있었으므로 그 제안들을 거절했다. 사실 새로운 곳으로 옮겨가고 싶지 않았던 이유는 따로 있었다. 그것은 바로 게르티의 건강 문제였다. 노벨상 수상을 위해 스톡홀름으로 여행하기 바로 직전, 그러니까 인생의 절정에서 게르티에게 중병의 신호가 나타났던 것이다. 콜로라도의 익숙한 여름 산행 길에서도 게르티는 굉장히 힘들어했고 숨이 가빠지고 실신하기까지 했다. 게르티의 병은 희귀한 혈액병인 골수 섬유증이었다.

게르티 코리는 이후 10년간 그 병으로 고생했다. 칼 코리는 아내를 지극히 간호했고, 심지어 한동안 고통을 덜어 주고 생명을 연장해 줄 새로운 치료법까지 생각해 냈다. 세월이 지나면서 게르티의 상태는 점점 더 악화되어 수혈에 의존하지 않고는 살 수 없게 되었다. 게르티는 남편의 부축을 받아 움직이는 상황에서도 용감하고 고집스럽게 연구를 계속했다. 게르티 코리는 마지막까지 용기를 잃지 않았다. 그녀는 어느 날 실험실에서 농담조로 이렇게 말하기도 했다. "내가 죽었다는 소문을 잠재우려면 파티라도 열어야겠네."라고 말이다.

생의 마지막 순간 게르티는 또 하나의 중요한 발견을 했다. "소아에게 나타나는 글리코겐 저장의 다양한 병적인 변화에서의 효소 결핍"이 그것이었다. 결국 젊은 시절 빈의 병원에서 인턴으로 근무할 때 관심을 두었던 소아과 분야의 연구로 인생의 대미를 장식하게 된 것이었다. 그녀는 그 연구로 효소 결핍이 유전이라는 것을 밝혀냈다.

게르티 코리는 1957년 10월 26일 61세의 나이에 신부전증으로 생을 마쳤다. 그녀는 집에서 임종을 맞이했고 남편 칼만이 그녀의 곁을 지켰다. 칼은 그녀를 마지막까지 감동적으로 간호했다. 생화학에서 가장 생산적이고 가장 지속적인 협업이 막을 내리는 순간이었다. 특별한 향미를 풍겼던 부부의 삶!

게르티는 죽었지만 칼 코리의 삶은 끝나지 않았다. 3년 후 그는 재혼했고, 두번째 결혼은 1984년 그가 생을 마칠때까지 24년간 계속되었다. 이 결혼 역시 행복했다. 코리는 새 부인과 함께 고고학, 미술, 문학 등 여러 관심사를 함께 나누었다. 세인트루이스의 워싱턴 대학에서 정년퇴직을 한 그는 하버드 메디컬 스쿨의 초빙 교수가 되었고 메사추세츠 종합병원에서 마지막까지 연구에 전념했다.

칼 코리는 보스턴에서 다시금 한 여성 학자와 20년 이상 공동 연구를 했다. 물론 이번 연구 파트너는 아내는 아니었다. 뉴욕 알베르트 아인슈타인 의과대학의 저명한 유전학자 살로메 글뤽존-뷀시가 칼의 새로운 연구 파트너였다. 칼은 그와 함께 쥐에 있어서의 포도당-6-인산의 유전적인 결핍을 발견하고 설명하는 연구 프로그램을 진행했다. 그로부터 15년 전에는 아내와 함께 인간에게 있어서의 이 효소의 결핍을 발견했었는데 말이다.

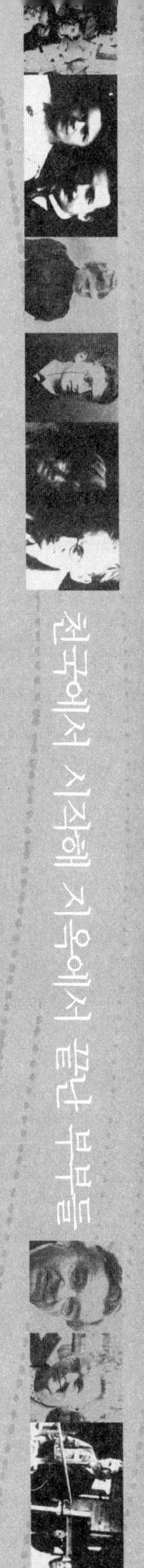

천국에서 시작해 지옥에서 끝난 부부들

위대한 천재 옆에서 시들어간 꿈

밀레바 & 알베르트 아인슈타인

밀레바 마리치 Mileva Marić(1875-1948)

헝가리 출신으로 스위스 취리히 공대에서 물리학을 공부했다. 여성의 대학 교육이 허락되지 않던 시절, 열정과 끈기로 학문의 길을 택했으나 대학시절 아인슈타인과 만나 결혼한 뒤부터 그 꿈을 이루지 못하게 된다. 결혼 생활은 결국 파경을 맞아 1919년 이혼했다. 남편의 "상대성 이론"에 기여한 바가 크다는 설도 있지만 증거는 없다.

알베르트 아인슈타인 Albert Einstein(1879-1955)

독일의 물리학자. 뉴턴의 물리학을 넘어선 상대성 원리와 중력에 관한 이론으로 과학계에 혁명을 일으켰으며, 1921년 노벨상을 받았다. 아인슈타인은 평화주의와 자유주의를 지지했지만 아이러니컬하게도 그의 이론은 가장 파괴적인 무기인 원자폭탄과 수소폭탄의 창조를 도왔다.

그는 그녀를 "작은 인형", "사랑스러운 계집", 또는 "마녀"라고 불렀다. 그는 "내 그대에게 달려갈 수 있다면… 그대의 작은 두 팔과 부드럽고 빛나는 입술이 자못 그립소."라며 그녀를 그리워했다. 그녀는 그를 "달콤한 자기" 또는 "사랑스러운 나의 반쪽"이라 불렀으며 그녀가 "아껴두고 있는" "그 수많은 입맞춤"을 아쉬워했다. 그녀는 그에게 방금 강의에서 들은 기체의 동력학적인 열 이론에 대해, 그리고 그녀가 시험 때문에 공부한 베버 교수의 책에 대해 써 보냈다. 처음 알게 되었을 때 둘은 취리히 공대 물리학과 학생이었다. 그녀는 스물한 살, 그는 열여덟 살이었다. "그는" 그로부터 20년 후면 굉장히 유명한 학자가 되고 노벨상을 타게 될 알베르트 아인슈타인이었고, "그녀"는 아인슈타인의 동급생으로 나중에 그의 첫 부인이 될 세르비아계 여인 밀레바 마리치였다.

몇 년 전부터 사람들은 아인슈타인과 밀레바 마리치의 대학 시절의 사랑에 대해 자세히 알 수 있게 되었다. 19세기에서 20세기로 넘어올 무렵, 그들이 교환했던 54개의 연애 편지가 발견되었기 때문이다. 이 편지 모음은 지금까지 모두가 더 자세히 알고 싶어했던 위대한 학자의 학창 시절에 대한 전기적인 공백을 메워 주고 있다. 뿐만 아니라 이 편지들은 아인슈타인의 다른 저작들보다 더 많은 사람들에게 "어필"한다. 일반 독자들에게는 아무래도 골치 아픈 상대성 이론보다는 편지가 더 이해하기 쉽기 때문이다. 젊은 날의 사랑과 환희, 미래에 대한 희망과 불안, 게다가 대학생으

밀레바 마리치와 알베르트 아인슈타인의 행복했던 한때

로 겪는 일상적인 걱정거리, 교수나 부모와의 갈등, 돈에 대한 곤궁과 시험에 대한 공포와 취직 걱정, 그리고 원치 않던 임신이라든가 함께 있고 싶어하던 간절함 등이 실려있는 편지가 말이다. 스물한 살의 박사 과정생은 1901년 12월 28일, 연인에게 굳게 맹세했다. "당신이 나의 사랑스런 아내가 되기까지, 우리 정말로 함께 열심히 공부해서 늙은 속물이 되지는 맙시다. 내 여동생은 내게 아주 속물적으로 보인다오. 당신은 결코 그렇게 되지 말아야 해. 그건 끔찍하니까."

우리는 이런 편지를 통해 아인슈타인에 대해서 뿐 아니라 밀레바 마리치에 관한 새로운 내용도 알 수 있다. 물론 알베르트보다 밀레바가 편지를 더 잘 모아두어서인지 54개의 편지 중 밀레바의 편지는 열한 개밖에 들어있지 않지만 말이다. 당시에는 헝가리 남쪽에 속했었고, 오늘날에는 유고슬라비아 지역인 보이보디나 출신의 젊은 세르비아 여인 밀레바 마리치는 1896년 취리히 대학에서 의학 공부를 시작했고 그 다음 해 공대로 옮겨 물리학을 공부했다. 당시 여성으로서는 물리학을 공부하는 몇 안 되는 선구자 그룹에 속했던 엘리트였다.

뜻을 펼치기에 여의치 않은 집안 배경이나 국가의 교육제도에도 불구하고 여성으로서 대학 교육을 받으려고 노력했던 걸 보면 밀레바 마리치는 특별한 소녀였던 것이 틀림없다. 오스트리아 헝가리 제국이나 독일 제국에서는 그때까지도 여성의 대학 교육이 허락되지 않았으므로 밀레바는 대학에 가기 위해 여성 대학 교육의 유럽 전초 기지인 스위스로 가야 했다. 밀레바 마리치는 전문 교사가 되고자 하는 목표 하에 취리히 공대에서 4년을 공부했으나 학위 시험에 불합격했다. 그녀는 논문 하나도 발표하지 않았을 뿐더러 연구에 대한 열정도 그리 많지 않았던 것 같다.

그럼에도 불구하고 오늘날의 학계에서는 몇 년 전부터 밀레바 마리치에 대한 명예 회복 운동이 일어나고 있다. 그녀가 아인슈타인의 연구에 결정적인 기여를 했다는 주장이 그것이다. 사실은 민족주의에서 불거져 나온 이런 견해는, 특히 페미니스트 진영에서 환영받고 있다. 그들은 아인슈타인의 위대한 업적이 그 혼자만의 것이 아니라고 주장한다. 상대성이론은 아버지보다 어머니를 갖고 있다고, 상대성이론의 어머니는 아인슈타인의 동료이자, 그의 첫번째 부인이었던 여성이라고 말이다. 이 주장을 뒷받침해 주는 것은 세르비아계 여성 데상카 트루부호빅-게주릭의 《밀레바 아인슈타인；마리치의 비극적인 삶》이라는 책이다.

몇 년 전에 죽은 이 세르비아계 작가는 그녀의 책에서 밀레바 마리치가 아인슈타인의 학문적 조언자였을 뿐 아니라, 비판자였으며 수학적으로는 선배였다고 썼다. 그리고 1905년에 발표된 아인슈타인의 논문에 결정적인 아이디어를 제공했으며, 그로써 아인슈타인에게 노벨상을 안겨주었다고 한다. 그러나 그 책의 저자가 이야기하고 싶어하는 것은 상대성이론에 대한 여성의 몫이 아니라 세르비아인의 몫인 듯하다. 그녀는 이렇게 강조한다. "…우리는 상대성이론의 탄생과 발표에 우리의 위대한 세르비아인 밀레바 마리치가 관여했다는 것에 자부심을 느끼지 않을 수 없다."

[밝혀진 비밀]

거의 백 년 동안 공개되지 않고 1986년까지 캘리포니아의 금고에서 잠자고 있던 이들의 연애 편지 묶음은 이런 관점에서 볼 때 행운의 열쇠다. 알베르트 아인슈타인과 밀레바 마리치의 학창 시절에 대한 알려지지 않은 부분을 밝혀주기 때문이다. 그들의 연애와 학업을 말이다. 그에 있어 이 서신들은 다른 어떤 출처보다 명확하게 아인슈타인의 아내가 아인슈타인의 연구에 결정적인 도움을 제공했다는 주장을 무색하게 하고 있다. 밀레바는 틀림없이 동급생 알베르트에 비해 물리학을 잘 하지 못했으며 학업에 대한 기쁨도, 의욕도 적었다. 남자 친구가 쉼없이 이야기하는 "상대성 운동"과 다른 많은 물리학적 문제들에 대해 그녀는 전혀 무관심했다. 어쨌든 그녀는 거기에 대해서는 별로 반응을 보이지 않았다.

그에 반해 젊은 아인슈타인은 43개의 편지에서 사랑보다는 오히려 물리학에 사로잡힌 청년으로 나타난다. 특히 다정다감해야 할 사적인 얘기를 하다가 갑자기 물리학 주제로 비약하는 부분들은 그의 성격적인 편집증을 보여준다. 아인슈타인은 젊은 시절부터 광범위한 분야의 학문에 흥미를 가지고 있었으며, 그의 감정 기복은 손상된 자신감에서 교만까지 나아갔다.

무엇보다 밀레바에게 보낸 아인슈타인의 편지에는 그의 기적의 해인 1905년에 선구적인 업적을 가능하게 만들 정신적이고 감정적인 소양들이 극명하게 드러난다. 1905년 아인슈타인은 물리학의 세 분야에 관한 세 개의 논문을 발표했고, 이 해는 물리학사에서 잊을 수 없는 해가 되었다. 스물여섯의 한 젊은 남자가 그때까지 통용되던 물리학적 세계상을 송두리째 바꿔 놓았던 것이다.

그 서막은 3월에 쓴 〈빛의 발생과 변화에 관련된 발견에 도움이 되는 견해에 대하여〉라는 논문이었다. 제목은 구시대적이고 까다롭게 들리지만 그 논문에는 광양자 가설이 숨어 있었고, 자신의 논문들 중에서 아인슈타인 스스로 "혁명적"이라고, 심지어 "아주 혁명적"이라고 말한, 아인슈타인에게 1922년 노벨상을 안겨준 바로 그 논문이다. 그리고 4월, 아인슈타인은 오늘날까지 통계 물리학의 고전으로 여겨지는 박사학위 논문을 끝냈으며, 그로부터 17일 후 박사학위 논문과의 긴밀한 연관 하에 물질의 동력학적 이론의 시금석이라 할 수 있는 브라운 운동 이론을 정립했다. 그리고 6월 말 절정기가 왔다. 〈움직이는 물체의 전기역학에 관한 고찰〉이 나온 것이다! 이 논문은 나중에 아인슈타인 자신이 아니라 다른 사람들이 상대성이론이라고 한 전설적인 공식 "$E=mc^2$"의 형태로 추상적인 이론이 어떻게 치명적인 힘을 가진 원자폭탄으로 바뀔 수 있는지를 보여주었다.

편지를 통해 우리는 1897년부터 1903년까지의 아인슈타인의 지적, 감성적인 발전을 엿볼 수 있다. 희한하게도 사랑의 맹세를 학문적인 내용과 결부시키는 아인슈타인의 편지는 미래의 아내가 자신과 관심사를 함께 나눌 학문적인 동료이기를 바라는 듯한 인상을 주고 있다. 밀레바와의 연애를 시작했을 때 아인슈타인은 의식적으로 지적, 감성적으로 성숙한 여성을 골랐을 것이다. 그는 매우 독립심이 강하고 지적 야심을 지닌 세르비아계 여자친구가 무엇보다 정신적인 동료이기를 바랐던 것 같다. 실제로 그는 밀레바가 "나 자신처럼 그렇게 강인하고 독립적인", "나와 쌍둥이 같은 사람"이라고 행복해 했다. "너와 함께가 아니면 나는 모든 사람과 함께 홀로이다"라면서.

아인슈타인은 물리학에 강한 열정을 갖고 있었다. 그렇기에 밀레바에게 보내는 연애 편지에서도 끊임없이 물리학에 대한 이야기를 한다. 훗날의 유명한 테마들이 모두 이들 편지 안에 등장한다. "빛의 에테르"도, "상대성 운동"도 말이다. 이 모든 것을 아인슈타인은 동료에게 하듯 담담한 어조로 여자친구에게 보내는 편지에 쏟아놓았다. 그는 "우리의 새로운 연구"에 대해 아주 기뻐했으며, 밀레바에게 학사학위 논문으로 단번에 박사학위까지 받아 버리라고 격려했다. "난 아직 아주 평범한 사람이지만 내가 꼬마 박사님을 신부로 맞게 된다면 얼마나 자랑스러울까?"라면서 말이다.

그러나 밀레바는 11통의 편지에서 이상하게 점점 위축되어간다. 처음에 그녀의 편지는 굉장히 독립적이고 자신감에 차 있다. 그러나 최소한 1901년부터는 더 이상 그런 것들이 느껴지지 않는다. 이 즈음에 밀레바는 두번째로 졸업시험에 떨어졌고, 혼전 임신으로 딸 리제를을 낳게 된다.

밀레바의 고향에서 낳자마자 입양시킨 리제를에 관해 1986년 이 편지 모음이 발견되기 전까지는 세상에 전혀 알려진 것이 없었다. 이 아이는 부모에 의해 침묵에 붙여졌다. 그런데 젊은 날의 편지에 리제를에 대한 흔적이 남아 있었던 것이다. 겉보기에 밀레바는 첫아이에 대해 쉬쉬하다가 결국은 다른 곳에 입양시켜야 했던 데 대해 별로 상처를 받지 않은 듯했다. 그러나 그 시점에서 자신의 진로와 학문에 대해 모든 흥미를 잃어버렸다는 것은 확실하다.

늦어도 1902년경부터 밀레바는 알베르트 아인슈타인에게 정신적으로나 영적으로 감명을 주는 파트너가 되기를 포기하게 된 것 같다. 당시 그들은 사귄 지 5년이 넘었으나 그때까지도 사랑의 "해피 엔드"는 이루어지지 않고 있었다. 1902년에서야 아인슈타인이 베른의 스위스 특허국에 취직을 하고, 이어 1903년 1월에야 결혼이 이루어지기 때문이다. 나중에 친구들에게 말했듯이 아인슈타인은 벌써 그때부터 사랑보다는 의무감에서 결혼을 했던 것 같다.

[단절과 파경]

아인슈타인과 밀레바는 결혼하여 아들 둘을 더 두었다. 그러나 젊은 날의 행복은 금방 사그러졌다. 아인슈타인이 학자로서 비상한 활동을 펼치며, 고금을 막론하여 아무도 따라할 수 없을 만큼 물리학을 살찌우는 동안 밀레바는 그의 옆에서 시들어갔다. 그녀는 날로 피곤하고 병약하고 우울해져 갔다. 한편 1913년 베를린 대학 교수가 되어 베를린에 살게 된 아인슈타인은 새로운 사랑의 파트너를 발견했다. 바로 사촌 엘자였다. 밀레바는 두 아이를 데리고 베를린으로 갔다가 다시 취리히로 돌아왔다. 그리고 1919년 둘은 이혼했다. 이제 밀레바는 아내의 자리도 물리학자의 자리도 잃게 된 것이었다.

젊은 날, 둘이 편지를 교환할 때 미래는 자못 장밋빛이었다. 알베르트 아인슈타인과 밀레바 마리치가 교환했던 편지에는 물리학에 대한 공동의 애정으로 뭉친 두 젊은이가 등장한다. 물론 처음부터 물리학에 대한 둘의 태도는 판이하게 달랐다. 아인슈타인은 열정적인 물리학도로서 여자친구에게 끊임없이 그 즈음 읽고 있는 책들에 대해 쓰고 있다. 사실에 대해서 보고만 하는 게 아니라, 읽은 글들을 비판적으로 평가하고 거기에 자신의 생각을 덧붙였다. 그 생각들이 가히 천재적이라 할 수는 없어도 아인슈타인의 글은 늘 독특하고 상상력이 풍부했다. 그에 반해 밀레바 마리치의 초기 편지는 열심히 노력하는 대학생의 모습, 그 이상은 아니다. 가끔은 문학적 재능이 엿보이는 글솜씨를 보여주기는 하지만 학문적인 독창성 같은 것은 그다지 찾아볼 수 없다.

그럼에도 불구하고 학창 시절 이 둘을 묶어 준 것은 물리학에 대한 공동의 관심사였음에 틀림없다. 특히 아인슈타인에게는 그것이 매우 중요했던 것 같다. 1899년의 편지에서 아인슈타인은 이렇게 썼다. "처음으로 헬름홀츠[1]를 읽었을 때 아무것도 이해할 수 없었어. 당신이 내 곁에 없었기에… 그것은 지금도 마찬가지야. 나는 함께 연구하는 것이 서로에게 유익하고 더 재미있다고 생각하오."

자신의 학문적 생각에 대해 토론하면서 아인슈타인은 종종

---

1) Hermann von Helmholtz(1821-1894), 독일의 과학자, 철학자. 에너지 보존 법칙에 대한 이론으로 유명하다.

마리치에게 도움을 청했고 도서관에서 어떠어떠한 것을 찾아 달라고 부탁하기도 했다. 그러나 편지는 이 시기 밀레바의 역할은 그저 아인슈타인의 공명판 같은 역할이었다는 것을 보여준다. 아인슈타인은 그의 생각을 다른 사람과 나누는 가운데 정리하는 타입이었고, 밀레바가 일시적으로 그런 상대가 되었던 것이다.

밀레바가 아인슈타인의 생각을 얼마만큼 받아들였는지는 별로 알려진 게 없다. 아인슈타인의 편지 중 상당 부분이, 그리고 밀레바의 편지는 더 많이 사라졌기 때문이다. 물론 밀레바는 아인슈타인의 독창적인 아이디어가 담긴 편지에 대해 답장을 쓰기도 했다. 아인슈타인이 편지의 절반 이상을 할애해, 움직이는 〈물체의 전기역학에 관해〉 썼던 편지에 밀레바는 답장을 썼었다. 그러나 밀레바의 답장에는 움직이는 물체의 전기역학에 관해서는 아주 간략히 언급된 채 나머지는 모두 가족 문제라든가, 휴가라든가, 시험 준비 등 일상적인 내용들로 채워져 있다. 또한 나머지 열 통의 편지 중 어느 것 하나도 아인슈타인의 학문적인 아이디어에 대한 밀레바의 의견이 표명된 편지는 찾아볼 수 없다.

물론 둘만의 대화를 엿들어 본 사람은 없다. 하지만 아인슈타인이 베른의 특허국에 근무하던 시절, 그 집을 방문했던 친구들과 손님들은 물리학에 대해 이야기할 때면 밀레바는 침묵을 지켰다고 증언한다. 결혼 직후 아인슈타인은 베른에서 친구들과 함께 "올림피아 학회"를 결성했고, 종종 자신의 집에서 모임을 가졌다. 학회의 일원이었던 모리스 솔로빈은 나중에 "밀레바는 지적이었고 진지하게 경청하기는 했지만 한 번도 토론에 참여하지는 않았다"고 회상했다.

물리학은 아인슈타인의 가슴을 열정으로 들끓게 했다. 아인슈타인도 처음에는 이런 감정들을 밀레바와 함께 나누려고 노력했다. 그러나 밀레바가 그에 부응하지 못했던 것 같다. 자신의 임신 소식을 아인슈타인에게 알리고 난 직후, 아인슈타인이 보냈던 답장에는 이렇게 적혀 있다. "나는 막 자외선을 통한 음극선의 발생에 관한 레나드의 멋진 논문을 읽었어. 이런 멋진 논문을 읽으면서 당신도 이런 논문을 함께 읽었으면 좋겠다는 생각이 들었지. 용기를 내요, 내 사랑. 변덕스럽게 굴지 말고⋯ 나는 당신을 떠나지 않아. 모든 일이 유종의 미를 거두었으면 좋겠어."

밀레바와의 공동 연구에 대해 아인슈타인이 직접 언급한 것은 거의 없지만 그래도 몇 개 눈에 띄는 암시는 그들 관계가 어려움에 처했던 시기에, 아인슈타인이 자신의 사랑에 대한 확약 중간중간에 언급하고 있는 내용들이다. 가령 1901년 3월 아인슈타인은 "상대성 운동에 대한 우리의 연구"라고 언급했다. 이 문장은 밀레바가 아인슈타인의 상대성 이론에 결정적인 역할을 했다는 견해를 뒷받침하는 근거로 자주 인용되고 있는 글이다. 아인슈타인은 취리히를 떠나 부모 집으로 출발한 후—밀레바도 알고 있었듯이 아인슈타인의 부모는 아인슈타인과 그녀와의 약혼을 반대했다—이렇게 썼다. 아인슈타인은 "당신은 내게 아무도 침입할 수 없는 성역이오."라면서 "나 역시 당신이 나를 내면으로부터 사랑하고 가장 잘 이해한다는 것을 알고 있소. 이 곳에 있는 그 누구도 당신에 대해 감히 나쁜 소리를 하지 못할 것이오. 상대성 운동에 대한 우리의 연구를 성공적으로 끝냈을 때 얼마나 기쁘고 자랑스러웠는지 모르오. 나는 다른 사람들을 볼 때마다 당신이 떠오른다오."라고 했다. 아인슈타인의 말은 감동적이다. 그 말은 "우리의 연구"에 밀레바가 어떻게 기여를 했는지 암시하고 있다. 결론적으로 밀레바는 또 다른 나, 즉 "옛 자아"로서 아인슈타인을 도왔다. 구체적인 동료로서 도운 것은 아니었다. 아인슈타인은 당시 다른 주류파 물리학자들로부터 고립되어 고독하게 홀로 자신의 생각을 발전시켜 나가면서 밀레바에게 자신의 아이디어를 자유롭게 표현할 수 있었던 것이다.

물리학적으로 가장 중요한 해였던 1903년부터 1905년까지의 편지는 없다. 아인슈타인과 밀레바가 결혼해서 베른에 함께 살았기 때문이다. 이런 중요한 시기에 밀레바가 아내로서 아인슈타인을 학문적으로 도왔다는 암시는 애석하게도 찾을 수 없다. 아인슈타인 스스로도 그런 말은 하지 않았다. 그리고 무엇보다 나중에 이혼한 남편과의 갈등이 실린 서신 교환에서 밀레바는 한 번도 아인슈타인이 연구 업적에 대해 자신에게 감사를 표시해야 한다는 등의 말을 하지 않았다. 오히려 아인슈타인은 밀레바에게가 아니라 상대성 이론에 우정어린 뒷받침과 중요한 지적을 해준 "친구이자 동료인 M. 베소"에게 감사를 표하고 있다.

[잃어버린 기회]

정말, 아인슈타인 부부는 왜 그렇게 유리한 출발 조건에도 불구하고 공동 연구의 기회를 잃어버리고 말았을까? 20세기 초의 시대적인 분위기 역시 부부가 공개적으로 함께 연구하는 것에 장애가 되지는 않았는데 말이다. 퀴리 부부나 에렌페스트 부부가 그것을 입증하고 있지 않은가! 퀴리 부부와 에렌페스트 부부의 경우 공동 연구에 대한 아내들의 몫은 지나칠 수 없을 만큼 컸다. 마리 퀴리는 남편의 사후에도 그토록 힘있게 자신의 커리어를 추구했었다. 그에 반해 밀레바 마리치는 아인슈타인과 헤어지기 전에도, 그리고 헤어진 후에도 자신의 직업을 가져 보려고 노력조차 하지 않았다. 분명히 그것이 가능했을 텐데도 말이다.

어쩌면 아내 밀레바에게 용기와 후원이 부족했기 때문인지도 모른다. 처음에 밀레바는 여성이 물리학을 공부한다는 것에 대한 선입견과 장애물에 맞서 결단력과 재능을 발휘했었다. 그리고 성공적으로 학문적 경력을 쌓아갈 수 있는 환경을 조성했었다. 그녀는 혼자 살았든, 아인슈타인과 함께 살았든 관계없이 물리학 교사라도 될 수 있었을 것이다. 그러나 무엇이 밀레바로 하여금 결국 아무런 성과도 거둘 수 없도록 만들었을까?

밀레바의 직업적인 여정과 남편과의 공동 연구를 이루지 못하게 한 이유를 세 가지 정도로 생각해 보고 싶다. 첫번째 이유는 밀레바 마리치의 물리학적 재능은 미미해서 마리 퀴리나 리제 마이트너처럼 학계의 주목과 후원을 끌 수가 없었다는 것이다. 두번째로 밀레바는 학업에서 초기의 자신감을 잃어버렸으며, 더구나 여성으로서 산적한 문제에 부딪치게 되었을 때 학업에 대한 용기조차 잃어버렸다는 것이다. 그리고 마지막 이유는 아인슈타인이 배우자로서 아내를 이끌어 주는 데 실패했다는 것이다. 초기의 맹세와는 달리 아인슈타인은 결혼 후 밀레바로 하여금 독자적이고 독립적인 경력을 쌓도록 하거나, 진지하게 공동 연구에 참여하도록 고무하는 것을 포기하고 말았다.

출발은 야심찼지만 애석하게도 밀레바 마리치는 자신의 이름을 걸고 연구하는 학자로 도약하지 못했다. 밀레바가 독창적인 생각을 해냈다는 암시는 없으며 다른 연구자들의 생각에 대한 그녀의 의견은 거의 무비판적인 것이었다. 사실 그녀가 아인슈타인 옆에서 잡일꾼 역할을 했던 것은 어떻게 보면 놀랄 일은 아니다. 여자건 남자건 그 누구라도 아인슈타인 옆에 있으면 종속적인 역할밖에 하지 못했을 것이다. 아인슈타인은 그렇게 특별한 인물이었으며 너무나 자기 자신에만 몰두해 있던 사람이었다.

밀레바에게 있어 또 다른 어려움은 그녀가 여성의 역할이 엄격히 요구되던 시대에 살았다는 것이다. 밀레바의 편지를 보면 그녀가 얼마나 소심하고 상처받기 쉬운 영혼이었는지, 얼마나 비판을 두려워했었는지 잘 드러난다. 아인슈타인의 부모로부터 거부당한 것은 그녀에게 굉장한 충격이었고, 원치 않던 임신과 자기 자식을 포기했던 일은 잠재되어 있는 우울증을 촉진시켰을 것임이 틀림없다. 첫딸 리제를에 대한 가슴 아픈 기억 때문에 나중에 그렇게 맏아들 한스 알베르트에게 연연했는지도 모른다. 한스는 결혼 2년째에 태어났는데 밀레바는 어머니로서의 역할과 직업적인 학문 활동을 연계시키는 데 실패했다.

그럼에도 불구하고 누군가가 그녀에게 용기를 주었다면 그녀의 물리학에 대한 관심은 되살아났을지도 모른다. 기혼 여성으로서 그녀에게 학문적인 조언자 역할을 해 줄 만한 사람은 남편밖에 없었고, 그녀의 물리학자로서의 운명은 아인슈타인에게 달려있었다고 해도 과언이 아니다. 그러나 홀로 자신의 경력을 쌓아나가기 시작한 알베르트 아인슈타인은 지적인 동반자를 원했던 학창 시절의 꿈을 잊어버렸고, 밀레바가 "속물적인" 주부가 되어 가정을 돌보는 데 만족했다. 결혼 직후 아인슈타인은 그의 친구인 미셸 베소에게 이렇게 썼다. "나는 이제 유부남이 되었고 아내와 함께 쾌적하고 편안한 삶을 살고 있네." 그리고 이에 대해 아무런 회의도 없는 듯 "밀레바는 나의 모든 것을 돌보아주고, 요리도 잘해서 늘 만족하고 있다네"라고 했다. 그나마 그 일도 그리 오래가지 않아 끝나버렸지만 말이다.

행복한 시작과 불행한 끝 | 클라라 & 프리츠 하버

클라라 임머바르 Clara Immerwahr(1870-1915)

유태 화학자의 딸로 태어나 브레슬라우 대학에서 여성 최초로 화학 박사학위를 받았다. 전도
양양해 보이던 학문의 길은 프리츠 하버와의 불행한 결혼 생활로 좌절되었고 남편이 독가스를
투입하기 위해 전장으로 나가던 날 자살했다.

프리츠 하버 Fritz Haber(1868-1934)

독일의 물리화학자. 암모니아의 대량 생산법을 고안하여 1918년 노벨 화학상을 받았다. 철저
한 프로이센인이자 국국주의자였던 그는 제1차대전 때 독가스를 개발해 비난을 받기도 했다.
하버 연구소로 세계 물리화학 분야에서 이 분야에서 인정받는 권위자였지만 히틀러 정권의 반
유대인 정책으로 고전하다가 바젤에서 심장마비로 죽었다.

"2주 전 하버 부인이 권총 자살을 했다오." 1915년 베를린에서 취리히의 밀레바 마리치에게 보내는 편지에 아인슈타인은 이렇게 썼다. 아인슈타인은 그 이상의 언급은 자제했다. 이 소식은 아내 밀레바 마리치에게 자못 충격이었을 것이다. 1913년 말 아인슈타인이 하버의 권유로 베를린 대학의 교수직을 받아들여 취리히에서 이사올 때, 밀레바는 며칠 동안 하버 부인의 도움을 받으며 거처할 집을 보러 다녔던 것이다.

클라라 임머바르의 슬픈 죽음은 아인슈타인의 편지뿐 아니라 모든 언론에 실렸다. 그녀의 삶은 독특한 삶이 아닐 수 없었다. 클라라 임머바르는 여성의 대학 교육이 금지되어 있던 독일에서 여성으로서는 처음으로 대학 공부, 게다가 자연과학을 공부했으니까 말이다. 그녀는 1900년 브레슬라우 대학에서 물리 화학 박사학위를 받았다. 대부분의 교수들이 여성의 학업에 관심도 없고 제도상의 규칙도 없었던 그런 시대였다. 당시 프로이센에서 여성들은 1908년이나 되어서야 정상적으로 대학의 입학 허가를 받을 수 있었다.

박사학위를 받은 지 일 년 후 클라라 임머바르는 나중에 노벨상을 수상하게 되는 같은 과 동료 프리츠 하버와 결혼했다. 프리츠 하버는 공기로부터 질소를 얻는 데 성공하여 화학비료와 폭약을 대량 생산할 수 있도록 한 인물이다. 클라라 임머바르는 연구에서 남편을 따라잡을 수 없었고, 편집증적인 하버 옆에서 계속 위축되어 살다가 결국 비극적인 끝을 맞았다. 1915년 그녀는 남편의 관용 권총으로 자살했다. 하버가 군대에 독가스를 투입하기 위해 동쪽 전방으로 출발하기 직전이었다.

자살의 동기는 알려져 있지 않다. 그로부터 80년 동안 클라라 임머바르의 죽음은 그냥 덮여 있었다. 그러다가 몇 년 전에 페미니스트 진영에서 그 비밀을 벗기고자 하는 시도가 있었다. 여성학자들의 의견에 의하면 클라라 임머바르의 자살은 불행한 결혼 생활을 마감하는 행동이었을 뿐 아니라 남편 프리츠 하버의 독가스 개발에 항거하는 절망한 여성 학자의 정치적인 시위였다고 한다. 막강한 남편, 그녀의 삶을 망친 유명한 화학자 프리츠 하버 때문에 너무나도 지적인 여성이 오랫동안 지적으로나 감성적으로 금치산자가 되어 왔다는 것이다.

그렇다. 빌헬름 황제 시절의 제국주의와 민족주의적인 시대 정신, 그리고 전체주의적이고 가부장적인 분위기를 배경으로 드라마틱한 이야기를 꾸밀 소재는 충분하다. 하지만 클라라 임머바르의 진정한 초상을 위해서는 겉으로 드러난 사실과 입으로 전해지는 소문 보다 더 많은 것이 필요할 것 같다. 믿을 만한 자료는 별로 없다. 가족들이 갖고 있던 몇 장의 사진과 클라라 임머바르의 박사학위 시험 신청서, 박사학위 논문, 그녀의 박사학위 수여식에 관한 신문기사, 여성교양협의회에서 맡았던 "가정에서의 화학과 물리학"에 대한 강의 광고, 그녀의 자살 소식이 실린 신문 쪼가리가 고

독가스 살포로 비난을 받았던 프리츠 하버

작이다. 그 외에 별로 중요해 보이지 않는 죽기 바로 전에 여자친구에게 써 보낸 엽서 한 장이 있을 뿐, 그 외에는 편지도, 일기장도, 가족에게 주는 유언장도 하나 남아 있지 않다. 달렘에서 프리츠 하버와 이웃사촌으로 친하게 지냈던 화학자이자 노벨상 수상자인 리하르트 빌슈테터[2] 역시 독가스 때문에 하버 부부 사이에 갈등

---

2) Richard Willstätter(1872-1942), 독일의 화학자. 1915년 클로로필과 다른 식물색소에 관한 구조를 연구한 공로로 노벨 화학상을 받았다.

남편의 권총으로 자살한 클라라 임머바르

이 있었는지조차 모르고 있었다.

이런 자료의 부재 속에서 클라라 임머바르는 그것을 뒷받침하는 자료도 없이 평화를 옹호하는 영웅으로 미화되었다. 그리고 자살에 대한 책임은 모두 프리츠 하버에게 돌아갔다. 자신의 성공만을 위해 매진하는 편집증적인 우울증 환자에다가 배려라고는 눈꼽만큼도 없는 남편이 아내를 냉정하게 죽음으로 내몰았다고 말이다. 실제로 달렘 연구소의 동료들 사이에 하버 부인이 군사용 독가스 개발에 반대했다는 사실은 유명해했다. 또한 그들의 불행한 결혼 생활은 자주 도마에 오르는 대화 주제여서 모르는 사람이 없을 정도였다. 그러나 클라라 임머바르의 구체적인 자살 원인을 아는 사람은 없다. 복잡한 원인이 얽히고 설켜 있었으리라는 추측만 난무할 따름이다. 자살하기 전날 저녁, 남편이 다른 여자와 곤란한 상황 속에 있는 것을 목격하고 그 때문에 무기를 손에 들었다는 것은 아마 신빙성이 없는 소문임에 틀림없다.

하버는 딱 한 번, 즉 1915년 6월 12일 전방에서 보낸 편지에서 아내의 죽음에 대해 언급했다. 아내가 죽고 나서 얼마 지나지 않은 시점에 그는 매우 상심해 있었던 것 같다. 그는 편지에 이렇게 쓰고 있다. "클라라는 더 이상 삶을 견뎌낼 수 없었다오. 그리하여 내가 다시금 갈리지엔의 전쟁터로 출발하는 날 아침 일찍 목숨을 끊었지.…내가 때때로 총알이 빗발치는 전쟁터에 있어야 한다는 건 어쩜 잘된 일인지도 몰라.…그러나 나는 다시 총사령부에 앉아 전화통을 붙잡고 있어야 하고,…그럴 때면 내 속에서 불쌍한 클라라가 나타나서 속삭인다오. 그리고 쏟아지는 명령과 전보 속에서 피로에 지칠 때면 환영으로 불쑥 그녀의 얼굴이 보여 무척 괴롭다오."

그런 글을 보면 아내의 죽음은 프리츠 하버에게 굉장히 충격적이었던 것 같다. 결혼에 두 번이나 실패했지만 사람들을 대할 때 프리츠 하버는 그렇게 무례하게 구는 사람은 아니었다. 하버에겐 친구도 많았고, 무엇보다 알베르트 아인슈타인이 하버의 절친한 친구였다. 최근에 나온 하버의 전기 두 권은 광범위한 자료에 근거하여 학자로서, 그리고 인간으로서의 프리츠 하버에 대해 쓰고 있다. 전기에서 받을 수 있는 인상, 특히 사적인 프리츠 하버에 대한 인상은 그리 나쁘지 않다.

물론 그는 일생 동안 철두철미한 프로이센인이자 군국주의자였다. 유태인으로 태어나 세례를 통해 개신교도가 된 그로서는 빌헬름 제국에서 출세하려면 더욱 그렇게 살 수밖에 없었을지도 모르겠다. 그리하여 그는 제1차대전이 시작되자 자신의 모토인 "평화시에는 인류를 위해, 전쟁시에는 조국을 위해"에 맞게 그가 맡은 베를린-달렘의 빌헬름 황제 물리화학연구소를 군사적으로 중요한 과제를 수행하게끔 개편했다.

그는 늘 조국을 위해 애썼다. 평화시에 그는 전쟁이 일어날 것을 대비해 다른 어떤 군부대나 기관보다 중요한 과업을 완성했다. 칼스루에 공대 교수로 있으면서 공기로부터 질소를 얻어냄으로써 폭약 제조를 위한 무한한 원천을 마련하는 데 성공했던 것이다. 그 업적으로 1918년 노벨 화학상을 받은 하버는 그 밖에도 암모니아를 고압으로 합성하여 대량 생산하는 방법을 개발했다. 그리고 루드비히 항구의 BASF 사의 칼 보슈와 함께 그것을 공업적인 기술로 발전시켰다.

1907년 하버가 암모니아 합성 연구를 시작했을 때, 그 연구의 원래 목적은 화학 비료를 생산하는 것이었다. 그러나 전쟁에서 질산칼륨은 전혀 다른 목적으로 쓰이게 되었다. 바로 폭약의 원료가 된 것이다. 칠레에서 채취되었던 자연상태의 질산칼륨은 이미 19세기 말부터 고갈되고 있었다. 독일군은 단기간의 전쟁만을 수행할 수 있는 질산칼륨을 가지고 있었고, 영국 함대가 칠레로부터의 질산칼륨 보급을 철저히 막고 있었다. 그렇기 때문에 독일 군대는 이 연구가 없었더라면 1915년이 지나면서 탄약 부족으로 싸움을 중단해야 했을지도 몰랐다. 그러나 독일 군대가 계속 총을 쏠 수 있었던 것은 하버-보슈법[3]에 의해 1913년 말 암모니아 합성을 위한 시설이 작동되기 시작한 덕분이었다. 탄약을 만들 수 있는 거대한 공장들이 신속히 건설되었다.

그 밖에도 하버는 전쟁이 혹독한 러시아의 겨울에 일어날 수도 있다는 점을 감안해서 휘발유와 디젤 오일과 연마제를 위한 부동액을 또한 신속하게 개발했다. 그리고는 어떻게 하면 총탄 대신 화학전으로 적을 파멸시킬 수 있을까 하는 문제에 골몰하기 시작했다. 하버는 염소를 떠올렸다. 염소는 화학 공장에서 쉽게 대량 생산할 수 있었고 압축 병으로 액체 상태로 운반하는 것이 가능했다. 게다가 염소는 공기보다 무거워서 참호를 통해 짙은 안개처럼 깔리게 할 수 있고 그럼으로써 치명적인 작용을 할 수 있었다.

---

3) Haber-Bosch process. 수소와 질소에서 직접 암모니아를 합성하는 방법. 프리츠 하버가 개발하였고 후에 카를 보슈에 의해 대규모 공정으로 전환되었다.

$$\left[\text{좌절된 결혼 생활}\right]$$

1915년 4월 22일 프리츠 하버는 독가스 전쟁을 본격적으로 시작했다. 그의 감독과 지도하에 벨기에 이퍼른의 7킬로미터에 이르는 전방 지역의 프랑스 참호 위로 168톤의 염소가 살포되었다. 그 결과 5천 명의 군인이 죽고, 1만 명이 기도에 치명적인 손상을 입었다. 이퍼른의 공격은 1907년 독일이 서명한 헤이그 협약을 위반한 것이기도 했다. 헤이그 협약에 의하면 전쟁 중 독가스 사용은 금지되어 있었던 것이다.

하버에게 국제 협약을 위반하는 것은 그리 중대한 문제가 아니었던 듯하다. 하버 교수에게 더 중요했던 것은 대장으로의 승진이었다. 그렇게만 된다면 그는 행복의 눈물을 흘리게 될 터였다. 그는 국방부의 화학 부대 의장이 되었고, 많은 젊은 학자들을 자신의 연구에 동원했다. 그 중에는 오토 한도 끼여 있었다. 달렘의 연구소에서 그는 이페르트(독가스)와 포스겐(일산화탄소와 염소의 혼합물로 무색 독가스)으로 된 새롭고 더욱 치명적인 독가스를 개발했다.

독가스전에서 잘 나타나는 하버의 불타는 공명심과 열정적인 애국심은 그를 20세기의 가장 논쟁의 여지가 많은 학자 중 한 명으로 만들었다. 학문과 사업과 군대와 정치를 능숙하게 연결시키는 솜씨는 국가 차원에서 장려되는 미래의 "위대한 인물"의 모델이 되었다. 그러나 독가스의 투입은 하버 자신보다 독일의 평판에 악

영향을 주었다. 그러나 모든 비난에도 불구하고 하버는 1934년 죽을 때까지 독가스의 투입이 인도적인 조처였다고 변호했다. 그는 이런 전략이 전쟁을 일찍 종결시키려는 심리적인 효과를 얻기 위해서였다고 주장했다.

독가스전과 그것을 주도하는 남편의 역할에 대한 클라라의 분노는 인도주의와 관계있지 않을까 싶다. 그러나 그녀의 저항은 그렇게 완강했던 것은 아니다. 임머바르가 자살을 택했던 것은 오히려 우울증과 불안, 일상의 과중한 부담, 그리고 질병과 불행한 결혼에 대해 절망한 결과였던 것 같다. 그러므로 남편이 이페른으로부터 금의환향을 한 후 얼마 되지 않아 남편의 관용 총으로 자살을 한 것을 현대의 대량살상무기에 대한 초기의 정치적 저항이라고 해석하는 데에는 무리가 있다. 그녀를 생명 중시적, 여성적, 시대적 책임을 의식했던 고독한 선구자라고 보는 것은 오늘날 자신들이 원하는 여성상에 임머바르를 끼워맞추고 싶은 페미니스트들의 소망일 따름이다. 임머바르를 여성 과학자로서의 책임감에서 전쟁과 군비 확장과 인간적인 삶의 토대를 위협하는 여러 가지 것들에 반대했던 여성으로 치켜세울 때 남편인 하버의 남성적이고 무책임하고 도덕성이 결여된 파괴적인 학자 이미지는 더욱 야만적으로 다가온다.

솔직히 이 부부에 대해 냉정히 생각해 볼 때 임머바르의 자살은 학문 윤리에 대한 상이한 의견의 표출이라기보다는 좌절된 결혼 생활의 비극적인 출구를 찾은 것이라 해야 옳다. 그러나 이들의 결혼에서 부부의 공동 연구를 위한 최소한의 기회마저 사라진 것은 개인적인 행복과는 별개의 문제이다. 공동 연구를 위한 출발 조건은 보기 드물게 유리했다. 클라라 임머바르는 하버와 결혼하면서 당시에는 보기 드문 혼수, 즉 대학 졸업장과 첫 논문과 하버와 같은 물리 화학 박사학위를 지참했기 때문이다.

당시 유태인, 또는 유태인과 비슷한 환경의 시민 계급 출신의 여성들 중 클라라 임머바르처럼 억척스럽게 대학 입학 시험을 치르고 대학 공부를 시작하여 성공적으로 끝마친 여성이 과연 몇 명이나 되었겠는가! 클라라 임머바르는 어려서부터 독립심이 강한 아이였다. 그녀는 1870년 브레슬라우 근교에서 농장을 경영하는 유태 화학자의 셋째 딸로 태어났다. 클라라는 아버지와 큰 오빠 파울처럼 김나지움에 진학해서 자연과학을 공부하고자 했다. 그러나 브레슬라우에는 여학생을 위한 김나지움이 없었기 때문에 그녀는 여학교로 진학할 수밖에 없었다. 당시에는 여학교를 졸업하면 교원 양성 학교에 다닐 수 있는 자격이 주어졌고, 교원 양성 학교를 졸업하면 여학교 교사가 될 수는 있지만 대학을 들어갈 수 있는 자격이 주어지지는 않았다. 대학 입학 자격시험을 보기 위해서는 특별허가가 필요했다. 그리고 대학 입학 자격시험을 친다 해도 당시의 여성들은 대학에 정식으로 등록을 할 수 없고, 단지 청강생으로만 다닐 수 있었다. 그리고 그것조차 귀족 계급에만 해당되는 이야기였다.

이 모든 장애물들에도 불구하고 클라라 임머바르는 고집스럽게 대학에 진학했다. 나중에 남편이 된 프리츠 하버의 대학 친구이자 물리화학자인 젊은 교수 리하르트 아벡의 강의를 청강했는데, 그가 그녀의 학문적 재능을 알아보고 그녀가 계속 공부할 수 있도록 밀어주었던 것이다. 1900년 11월 그녀는 아벡의 지도 하에 물리학에서 주는 최고 성적 "마그나 쿰 라우데magna cum laude"의 학점으로 박사학위를 받았다. 논문의 테마는 〈잘 녹지 않는 소금의 용해도 연구〉였다.

학위 수여식에는 많은 하객이 참석했고, 브레슬라우 대학의 최초의 여자박사가 된 클라라 임머바르에 대한 축하가 쏟아졌다. 같은 날 브레슬라우 석간 신문에는 임머바르의 박사학위 수여식에 관한 기사가 실렸는데 그 기사는 학위 수여식에서 했던 철학부 학장의 말로 마무리되었다. 학장은 젊은 여성의 뛰어난 학업 성취에 대해 기쁨을 표명하는 동시에 여성들이 계속적으로 대학에 밀려들어올 것을 우려해 "예나 지금이나 가장 아름답고 신성시되는 임무를 수행하는 가족을 보호하는 사람"이 되라고 일침을 놓았다.

클라라 임머바르는 학장의 말을 놀랍게도 너무나 빨리 실현시킨 것 같았다. 그녀의 학문적 경력은 진정한 시작을 해 보기도 전에 거기서 끝났다. 박사학위 시험을 치르고 난 직후 31세의 클라라 임머바르는 학회에서 전에 댄스 시간의 파트너였던 프리츠 하버와 재회했다. 그리고 몇 달 후에 그와 결혼하여 공부는 접고 교수 부인으로서, 주부로서, 엄마로서의 생활을 영위했다. 병약한 아들, 잦은 이사, 집안일, 야심차게 경력을 쌓아가는 남편에 대한 뒷바라지는 그녀에게 많은 에너지를 요구했다. 클라라 임머바르가 결혼 후 연구에 몰두했었다는 이야기는 그 어디에도 없다. 유일한 그녀의 전기의 부제가 "인도적인 학문을 위한 삶"이라고 해도 말이다. 임머바르가 결혼을 통해 공동 연구를 희망했고, 지도 교수인 아벡과 함께 했던 것처럼 남편과도 함께 연구하고, 함께 저술하기를 원했었는지 하는 것을 우리는 확인할 수 없다. 20세기 초에 대학까지 마친 후에 여성이, 그것도 기혼 여성이 학문을 계속한다는 것은 당시로서는 흔히 받아들여질 수 있는 평범한 일은 아니었을 것이다.

물론 칼스루에 시절 남편의 원고를 교정하는 일은 했다. 그리고 그 밖에 주부를 대상으로 "가정에서의 화학"이라는 주제로 몇 번 교양 강좌를 열기도 했다. 그러나 임머바르가 하버의 저서 《기술적인 기체 반응에서의 열역학》에 결정적인 기여를 했다는 설은 억측이다. 물론 하버가 그 책의 서문에 "사랑하는 아내 클라라 하버의 고요한 협동 연구에 대해 고마움을 표한다"라고 쓰긴 했지만 말이다. 그런 정도의 협동은 배우자로서 마땅히 행해지는 관습이지, 실질적인 협동 연구로는 볼 수 없는 것이다.

클라라 임머바르는 결혼 생활에 곧 좌절감을 느꼈다. 하버가

1906년 정교수로 지명된 직후, 클라라는 프라이부르크의 정신 요양소에 첫발을 디뎌야 했다. 그리고 그로부터 4년 후 다시 한 번 그곳에서 요양했다. 이 시점에 클라라 임머바르가 얼마나 의기소침했었는지는 그의 스승 아벡에게 보낸 편지에서 잘 나타난다. "프리츠가 지난 8년 동안 얻은 만큼, 아니 그 이상의 것을 나는 잃어버렸습니다. 내게 남은 것은 깊은 불만족뿐입니다. 이 마이너스 결산은 부분적으로 주변 상황이나 나의 특별한 기질 때문이기도 하겠지만 그것의 주된 원인은 사람을 옴짝달싹 못하게 하는 프리츠의 위압적인 태도랍니다. 프리츠 곁에서 무분별한 희생을 감당해낼 수 없는 사람은 파멸할 수밖에 없어요. 바로 내가 지금 그렇게 되었습니다."

1911년 프리츠 하버는 물리화학과 전기화학을 위해 베를린에 새로 설립된 빌헬름 카이저 연구소의 초대 소장으로 지명되었다. 그로써 그의 인생은 절정기를 맞았다. 그러나 그것은 새로운 갈등을 배태하고 있었다. 이제 프리츠에게 부족한 것은 자신의 명예를 함께 향유하며 손님 접대를 할 줄 아는 아내였다. 그러나 클라라 임머바르의 소박한 성격은 도무지 거기에 맞지 않았다. 그녀는 점점 더 막다른 골목으로 접어들었고 고립되어 갔다. 1915년 5월 2일 자신의 삶에 종지부를 찍을 때까지 말이다. 작별 편지 같은 것은 남기지 않았다. 남편에게조차 그녀는 아무 말도 남기지 않았다. 부부는 출신 배경이나 나이나 교육이나 관심사나 성격상 아주 잘

어울리는 커플처럼 보였지만, 날이 갈수록 소외되어 갔고 마지막
에는 공통의 언어마저 완전히 잃어버렸다.

빛이 있으면 어둠도 있다

비극의 마무리, 남편의 자살 | 타타나 & 파울 에렌페스트

타타냐 에렌페스트 Tatyana Ehrenfest(1896-1964)
러시아 출신으로 어려서부터 수학에 재능을 보였고 수학을 깊이 공부하기 위해 독일로 왔다가
파울 에렌페스트를 만났다. 남편과 함께 통계역학에 관한 논문을 쓰는 등 활발한 연구 활동을
했으나, 점점 아내와 어머니의 역할에 파묻혀 버렸다.

파울 에렌페스트 Paul Ehrenfest(1880-1933)
오스트리아 빈에서 태어나 볼츠만에게서 물리학을 배웠다. 레이덴 대학의 교수였으며 양자이
론의 기본 법칙인 에렌페스트 정리를 정립했다. 자신감 부족과 심한 우울증으로 결국 자살로
생을 마감했다.

1911년《수학 백과사전》에 실린 통계역학에 관한 한 논문이 센세이션을 불러일으켰다. 이 논문은 세월이 많이 흐른 지금까지도 아직 읽을 만한 것으로 여겨진다. 그것은 에렌페스트 부부가 막 학업을 마치고 뚜렷한 직장도 없이 상트페테르부르크에 거주하던 시절 5년간의 연구 끝에 완성한 논문이었다. 수학자인 아내와 물리학자인 남편! 에렌페스트 부부는 논문에서 통계역학의 당시 상황을 서술하는 동시에 열역학 제2법칙이 인정되기 전에 검토되어야 할 논점들에 대해 서술했다. 그들은 수학적, 물리학적 지식을 갖춘 까다로운 독자들의 입맛에 맞는 언어로 자신들이 예리한 시각을 가진 학자임을 증명했다.

이 부부가 괴팅겐, 라이프치히, 뮌헨, 빈 학회가 모두 함께 참여한 수학 저작물의 공동 필자로 초대된 것은 우연이 아니었다. 타타냐와 파울 에렌페스트는 1906년에 이미 여러 개의 공동 논문을 발표했으며, 루드비히 볼츠만[1]과 조지아 깁스[2]의 선구적 연구들의 모호한 점들을 설명함으로써 전문가들 사이에 꽤 이름이 알려져 있었다.

물론 그것만으로는 이 두 젊은 학자들이 그렇게 명예로운 일을 맡게 된 이유에 대한 설명으로 충분하지 않을 것이다. 보다 직

---

1) Ludwig Boltzmann(1844-1906), 오스트리아의 물리학자. 원자의 성질이 어떻게 눈에 보이는 물질의 성질을 결정하는지를 설명 및 예측하는 통계역학 발전에 크게 이바지했다. **2)** J. Willard Gibbs(1839-1903), 미국의 이론 물리학자, 화학자. 열역학 이론을 도입하여 물리화학의 넓은 영역을 경험적 과학에서 연역적 과학으로 발전시켰다.

행복하고 자유로웠던 신혼 시절

접적인 이유는 1906년 9월, 원래 그 논문을 쓰기로 했던 루드비히 볼츠만이 사망했다는 것이다. 볼츠만은 파울 에렌페스트의 지도 교수였다. 파울 에렌페스트는 1904년 빈에서 볼츠만의 지도 하에 하인리히 헤르츠[3]의 역학 원칙에 대한 논문으로 박사학위를 받았 던 것이다. 에렌페스트는 볼츠만의 제자로서 다른 사람들보다 스 승의 복잡한 학문 세계를 잘 이해했고, 사람들에게 학문적인 생각 들을 생동감있게 설명하는 특별한 재능을 가지고 있었다. 그는 동

---

3) Heinrich Hertz(1857-1894), 독일의 물리학자. 최초로 전파를 송수신했다.

료, 또는 아내와 더불어 하는 대화와 강의와 논문에서 탁월한 말솜씨로 볼츠만의 연구에 대한 이의들을 무력화시키곤 했다.

《수학 백과사전》 4권의 발행자인 괴팅겐 대학교수 펠릭스 클라인[4] 역시 에렌페스트 부부를 알고 있었다. 둘은 펠릭스 클라인의 수학과 역학 강의를 들었고 세미나에도 참석했었기 때문이었다.

파울 에렌페스트는 아내와 공동 연구를 한다는 조건으로 백과사전 집필자로서의 영예를 기꺼이 받아들였다. 의뢰받은 저술의 초안을 잡기까지 3년이 걸렸고, 완성해서 제출하기까지 2년이 더 소요되었다. 이 작업은 그들이 타타냐의 고향인 상트페테르부르크에 거주하며 파울이 대학에 자리를 얻기를 갈망했지만 번번이 실패만 거듭해야 했던, 적잖이 행복하고 "자유로웠던" 신혼에 이루어졌다.

1911년 논문 발표는 파울로 하여금 한층 기운을 내서 취직 자리를 찾아보도록 했고, 마침내 1912년 파울 자신뿐 아니라 주변 사람 모두가 어안이 벙벙하게도 상트페테르부르크에서 수천 킬로미터 떨어진 네덜란드의 레이덴 대학에, 당시로서는 가장 영예로운 자리인 이론 물리학 교수직에 오르게 되었다. 그의 전임자이자 이론 물리학 분야의 거장인 헨드릭 안톤 로렌츠[5]는 애초에 아인슈타인에게 자신의 후임이 될 것을 제안했으나 아인슈타인이 거절하

---

4) Felix Klein(1849-1925), 독일의 수학자. **5)** Hendrik Antoon Lorentz(1853-1928), 네덜란드의 물리학자. 전자기 복사이론으로 1902년 피에터 제만과 함께 노벨 물리학상을 받았다.

자 파울을 후임자로 선택했던 것이다. 당시 서른한 살의 젊은 나이였던 파울 에렌페스트는 1933년 세상을 떠날 때까지 레이덴 대학에 머물렀다.

[용감한 결혼]

파울 에렌페스트는 오스트리아 빈에서 자수성가한 유태 잡화상의 다섯 아들 중 막내로 태어났다. 어렸을 적 파울에게 수학과 물리학에 대한 관심을 일깨워 준 사람은 그의 맏형 아르투르였다. 나중에 엔지니어가 된 형은 부모님이 일찍 돌아가시자 동생의 후견인이 되어주었다. 형의 사랑에 넘치는 자극과 이해심이 없었다면 파울은 대학 공부를 하지 못했을 것이다. 파울은 사실 학교를 혐오했고 자주 우울하고 의기소침해했다. 학창 시절 그는 수학과 물리학만 빼고 전 과목에 흥미를 느끼지 못했다. 훗날 파울은 학창 시절에 대한 안 좋은 기억 때문에 자신의 아이들은 집에서 교육시키기를 고집했다.

그는 빈에서 대학 공부를 시작했다. 화학, 그 다음 이론 물리학을 공부했는데 지도 교수인 루드비히 볼츠만으로부터 큰 영향을 받았다. 1904년 12월 21일 그는 빈에서 그보다 3년 연상인 타타냐 알렉세예프나 아파나세야와 결혼했다. 2년 전 괴팅겐에 두 학기 동안 청강생으로 다닐 때에 러시아 출신의 수학과 학생이었던 타타냐를 알게 되었던 것이다. 당시 오스트리아–헝가리 법에 따르면

기독교인과 유태인이 결혼하려면 두 사람이 공식적으로 자신들의 종교를 포기해야 했다. 그러므로 유태인인 신랑 에렌페스트와 러시아 정교회에 속한 신부 타타냐는 결혼을 위해 각자 몸담고 있던 종교 공동체를 탈퇴해야 했다. 그것은 타타냐에게는 견디기 힘든 일이었다. 그녀는 자신이 "믿음 없는 자"로 낙인찍혀 더 이상 고향에 받아들여질 수 없을까봐 두려워했다.

타타냐는 파울과는 전혀 다른 배경에서 자랐다. 엔지니어였던 아버지는 외동딸인 타타냐를 남겨두고 일찍 세상을 떠났고 타타냐는 자녀가 없는 숙부의 집에서 자라났다. 숙부는 상트페테르부르크 종합 기술 연구소 교수였다. 타타냐는 어려서부터 수학적인 재능을 보였다. 그러나 상트페테르부르크의 초등교원 양성학교에서 수학 공부를 시작하기까지의 과정은 그리 호락호락하지 않았다. 숙부가 타타냐의 몸이 약하다고 우려했기 때문이었다.

초등교원 양성학교를 졸업한 타타냐는 수학을 좀더 깊이 공부하고 싶어 1902년 숙모 소냐와 함께 괴팅겐으로 갔다. 그녀에게 수학은 학업의 대상이었을 뿐 아니라 직업에 이르는 마자였고, 열정적으로 몰입할 수 있는 삶의 중심이기도 했다. 어쨌든 그 점에서 그녀는 파울과 통했다. 출신이나 자란 과정, 성격 같은 것은 파울과 너무 판이했지만 말이다. 타타냐의 날카로운 이성은 확고한 독립심, 강인하고 고집스러운 성격과 결합되어 그녀는 엄격한 잣대로 자기 자신과 다른 사람들을 판단했다. 타타냐는 책임감이 투철

166

했으며 술과 담배를 엄격히 거부했다. 하지만 자신의 지적이고 도덕적인 기준에 부합하는 사람들에게는 다정하고 솔직했다.

파울 에렌페스트는 1902년 가을 괴팅겐에서 타타냐를 멀리서 보고 호감을 가졌다. 그리고 타타냐를 강의실과 도서관 등에서는 볼 수 있었는데 일 주일에 한 번씩 열리는 수학과 학생들의 모임에서는 볼 수가 없는 것을 이상하게 생각하다가 규정상 여학생은 그 모임에 참석할 수 없다는 사실을 알게 되자 강력하게 그 규정에 이의를 제기했다. 그리하여 파울 덕분에 타타냐는 수학과 학생들의 모임에 참석할 수 있었고, 둘이 교제하는 데에도 장애물이 사라지게 되었다. 둘은 곧 그들이 수학에 대한 공동의 관심사 이상으로 서로 관심을 갖고 있다는 것을 확인했으며 1902년에서 1903년으로 넘어가는 겨울 즈음에 결혼을 약속했다.

파울 에렌페스트는 괴팅겐에서 보낸 일 년 반 동안 독립적인 학자로 성장했다. 아마도 그것은 그가 그 기간 동안 지도 교수인 루드비히 볼츠만의 그늘에서 벗어나 있었기 때문이었을 것이었다. 에렌페스트의 강력한 학문적 호기심은 그가 괴팅겐에서 자신의 생각을 체계적으로 기입하기 시작한 노트를 보면 여실히 드러난다. 그는 노트에 기록하는 습관을 끝까지 버리지 않았다. 그리하여 그의 정신적이고 학문적인 발전뿐 아니라 그의 인격적인 상태를 보여주는 빽빽한 기록이 탄생하게 되었다.

이런 노트들에는 사적인 내용도 자주 등장한다. 1903년 봄에 기록한 첫 노트들 중의 한 권에는 담배를 끊을 것과, 피아노를 구입할 것과, 톨스토이의 소설들을 가능하면 빨리 읽을 것을 당부하는 타타냐의 메모지가 들어 있다. 그리고 또 다른 메모지에는 늦어도 1903년 8월까지는 괴팅겐으로 돌아오라고 재촉하고 있다.

그러나 그 해 파울은 여름 방학을 이용해 괴팅겐에 잠시 들렀을 뿐이었다. 1903년 봄 레이덴 대학에서 이론 물리학자 헨드릭 안톤 로렌츠의 강의를 듣고, 그와 함께 하룻밤을 보낸 후 빈에서 학업을 마쳐야 했기 때문이었다. 그는 박사학위 논문을 서둘러 완성했지만 그것을 출판하지는 않았다. 아마도 특별히 내놓을 만한 것으로 생각하지 않았기 때문이었을 것이다. 아무튼 1904년 6월 박사학위증을 손에 든 채 파울은 결혼 준비를 했다. 괴팅겐에 머무르던 타타냐가 빈으로 왔다. 관료적인 절차로 인해 결혼은 연말인 12월에나 가능했다. 1905년 10월 에렌페스트 부부는 첫 딸을 낳았고 부부는 엄마 이름을 따서 아이의 이름을 타타냐로 지었다. 나중에 파울은 편지를 쓸 때면 어린 딸을 아내와 구별하기 위해 수학적 습관을 따라 딸을 "T"라는 약자로 칭했디.

1906년 봄 이 젊은 가족은 빈을 떠났다. 스위스에서 휴가를 보낸 후 일 년 정도 괴팅겐에 정착하려고 말이다. 에렌페스트는 괴팅겐 대학에 자리를 잡고 싶어했다. 그러나 그것이 뜻대로 되지 않자, 부부는 1907년 다시 타타냐의 고향인 상트페테르부르크로 이사했다. 그리고 거기서 5년 동안 머물렀다. 부모님으로부터 물려

받은 재산으로 파울과 타타냐는 한동안 그럭저럭 먹고 살았다. 취직에의 노력이 계속 실패로 돌아가자 파울 에렌페스트는 자못 의기소침해졌으나 그럼에도 불구하고 그는 이 시기에 타타냐와 긴밀히 협조하는 가운데 열심히 연구했다. 통계역학에 대한 성공적인 논문이 그것을 입증하고 있다.

파울 에렌페스트는 조용한 방 안에서 계속 생각이나 하고 앉아있는 타입이 아니었다. 그는 비판적인 상대방과 대화하면서 자신의 생각을 전개시켜 나가는 스타일이었다. 빠르고 탁월한 논리력을 갖춘 타타냐야말로 그의 대화 상대자로 안성맞춤이었다. 물리학을 전공한 것은 아니었지만 타타냐는 언제나 문제의 핵심을 파악할 수 있었고 대화를 통해 남편을 올바른 방향으로 인도할 수 있었다.

[레이덴에서의 활기찬 생활]

일자리가 없었지만 에렌페스트는 상트페테르부르크에서 은둔해 살지는 않았다. 그는 지속적으로 대학과 여러 가지로 접촉을 했고 유태계 우크라이나인으로 뮌헨의 빌헬름 뢴트겐의 조수로 근무했던 아브라함 조페와 절친한 친구가 되었다. 조페와 에렌페스트는 1908년 여름 페테르부르크 대학에 취직하려고 막 물리학 석사를 마친 사람으로 위장해 보기도 했으나 헛일이었다.

상트페테르부르크 시절 에렌페스트 부부는 알베르트 아인슈타인과의 첫 만남을 가졌는데 그때부터 일생동안 파울은 아인슈타인에게 연대감을 느꼈다. 1912년 에렌페스트는 교수직을 얻기 위해 당시 프라하의 교수였던 아인슈타인을 방문했고, 아인슈타인과 밀레바 마리치의 집에서 일 주일간 머물렀다. 에렌페스트와 아인슈타인에게 그 만남은 인상적인 경험이었다. "만난 지 몇 시간 되지도 않아 우리는 친구가 되었다."고 아인슈타인은 에렌페스트의 추도사에서 회고했다. 타타냐도 나중에 이런 우정에 합류했다. 베를린 아카데미 교수였던 아인슈타인이 1902년 에렌페스트의 권유로 레이덴 대학의 초빙 교수직을 받아들여 몇 년 동안 정기적으로 일 년에 몇 주씩 네덜란드의 에렌페스트의 집에 머무르곤 했기 때문이다.

사실 레이덴 교수직을 거절하면서 후임으로 에렌페스트가 선발되도록 로렌츠에게 에렌페스트를 추천했던 것은 아인슈타인이었다. 1912년 가을, 기대 이상의 일자리가 생겼을 때 에렌페스트 부부는 어린 두 딸과 러시아 유모, 늙은 숙모 소냐와 함께 레이덴에 정착했다. 그 교수직은 파울 에렌페스트의 첫번째이자 유일한 직장이 되었다.

파울은 레이덴 대학에서 학문적인 새 바람을 일으켰다. 에렌페스트는 물리학과 학생들을 위한 도서실과 학생 자치 클럽을 만들고 자신의 집에서의 일 주일에 한 번씩 토론회를 열었다.

아내 타타냐는 남편과 학생들의 교류가 대학에서만 이루어지지 않도록 배려해 자신의 집으로 학생들을 기꺼이 불러들였다. 에렌페스트 부부는 레이덴에서 그들만의 독특한 생활 방식을 찾았다. 1913년 여름에 그들은 대학 가까이에 타타냐가 설계하여 지은 집으로 이사했다. 그들의 모든 저축을 다 쏟아 넣은 집이었다. 집의 중심부는 거대한 거실 겸 연구실로 꾸몄다. 거기에서 에렌페스트는 아내를 비롯한 동료들에 둘러싸여 연구를 하고 많은 방문객들을 맞았다. 손님들은 언제나 환영받았다. 단 접대는 소박했다. 에렌페스트 부부가 채식주의자였고 술을 좀처럼 용납하지 않았으며 흡연을 허락하지 않았기 때문이었다.

이어지는 세월들은 에렌페스트 부부에게 직업적으로나 사적으로나 풍요로운 시간들이었다. 에렌페스트는 권위적이지 않은 인기있는 대학 교수로, 착상이 풍부하고 영리한 학자로 명성을 얻었다. 그는 양자역학에 대한 몇몇 논문들을 성공리에 발표했고 1927년 그의 이름을 딴 양자이론의 기본 법칙인 에렌페스트 정리를 정립했다.

그러나 타타냐의 활동 반경은 점점 교수부인의 역할로 제한되었고, 늘어나는 가족들을 보살피느라 에너지를 쏟아야 했다. 1915년 셋째 아들 파울이 태어난 데 이어, 1918년 장애를 가진 막내아들 바실리가 태어났다.

에렌페스트의 아이들은 하루종일 집에 있었다. 정규 학교를 다니지 않고 집에서 교육받았기 때문이었다. 부부는 그래야만 아이들의 이성이 자유롭고 독립적으로 발전할 수 있다고 보았다. 어렸을 때부터 아이들은 집 안에서 놀면서 부모로부터 수학, 역학, 화학, 경제학, 역사 등을 배웠다. 나중에는 유급 가정교사들이 고용되었다. 아이들은 어렸을 때부터 집에서 벌어지는 모든 학문적인 활동들을 아주 가까이에서 체험했고 오래 지나지 않아 스스로 "토론회" 놀이를 하고 강의를 했다.

이 부부의 집은 날이 갈수록 외국의 동료 학자들이 애용하는 만남의 장이 되었다. 아인슈타인이 매년 몇 주간씩 그곳에 머무렀을 뿐 아니라 막스 플랑크[6], 엔리코 페르미, 닐 보어[7], 로버트 오펜하이머[8]를 위시한 14명의 노벨상 수상자 등 저명한 손님들이 그곳을 찾았다. 세월이 흐르면서 그들은 손님 방의 하얀 벽을 방명록 삼아 그곳에 사인을 남겼다.

그러나 파울 에렌페스트 자신은 다른 많은 것에 대해 그랬듯이 자신의 집에 대해서도 복합적인 감정을 느꼈다. 그는 레이덴에서의 미래가 불투명하다고 생각했고 시간이 갈수록 자신이 거장 로렌츠의 후임에게 주어지는 기대에 부응하지 못하는 것 같아 바늘 방석에 앉아있는 것처럼 느꼈다. 그는 집 때문에 다른 대학으로 옮기는 것조차 마음대로 안 돼 찜찜해 했고, 집을 팔자니 재정적인

---

6) Max Planck(1858-1947), 양자론을 창시한 독일의 이론 물리학자. **7)** Niels Bohr (1885-1962), 덴마크의 물리학자. 양자론을 원자 구조와 분자 구조에 적용했다. **8)** Robert Oppenheimer(1904-1967), 미국의 이론 물리학자, 과학 행정가.

손실을 입을까 봐 두려워했다.

[남 편 의 자 살]

에렌페스트는 가족과 함께 계속 레이덴에 머물렀다. 그러나 그는 일생 동안 자기가 그 자리에 있기에 합당치 못한 사람이라는 느낌을 떨치지 못했다. 그의 마지막 논문 중의 하나는 지나치게 골똘히 생각하는 그의 지성을 여실히 보여준다. 그는 그 논문 안에 양자역학의 물리학적, 수학적 측면들에 대한 기본 질문들을 시리즈로 정리해 놓았다. 당시 많은 물리학자들이 속으로 제기했을 법한 질문들이었다. 그러나 에렌페스트만이 체면 손상을 무릅쓰고 다른 사람들이 옆으로 치워버린 질문을 제기했다. 에렌페스트의 질문들이 전혀 무시할 만한 것들이 아니었다는 것은 볼프강 파울리[9]가 에렌페스트의 질문에 대해 곧장 대답하는 글을 씀으로써 증명되었다.

파울은 일생 동안 자신감 부족에 시달렸다. 물리학자와 교수로서 성공을 거두고, 유명한 동료들과 긴밀하고 진심 어린 교제를 나누었던 것도 그것을 변화시키지는 못했다. 도전적으로 기성세대들을 위협하는 신세대 학자들과 발맞추기가 점점 어렵게 되자 그의 열등감은 더욱 깊어갔다. 아인슈타인은 이런 문제들이 1933년

---

9) Wolfgang Pauly(1900-1958), 오스트리아 태생인 미국 물리학자. 한 원자 내에서 두 개의 전자가 같은 에너지를 가질 수 없다고 한 파울리의 배타원리를 발견했다.

9월 25일 파울의 자살을 불러왔다고 보았다. 알베르트 아인슈타인은 친구에게 바치는 감동적인 추도사에 "50대의 그에겐 새로운 생각에 적응하는 일이 점점 어렵게 다가왔다"고 썼다. 30년 전 에렌페스트의 스승 루드비히 볼츠만도 자살로 생을 마감했었다. 물론 그것은 자신에 대한 불만족에서라기보다는 비판가들의 압박에 못 이겨서 선택한 일이었다. 그의 자살은 당시 에렌페스트에게 깊은 인상을 남겼다.

에렌페스트의 전기 작가 마르틴 J. 클라인은 에렌페스트의 자살 원인을 또 다른 모티브에서 찾았다. 나치에 의해서 박해받는 독일의 유태인 친구들에 대한 깊은 연대감에서 죽음을 선택했다고 말이다. 그러나 파울의 죽음에는 클라인의 전기에서는 나오지 않는 개인적인 문제들이 작용했을 것으로 보인다. 에렌페스트의 제자였던 헨드릭 캐시미어는 스승의 죽음에 대한 보다 더 자세한 정황을 기록하고 있다.

헨드릭에 의하면 파울 에렌페스트는 나이 어린 막내아들과 함께 죽음을 선택했다. 막내 바실리는 나이 든 산모의 출산에서 일어날 수 있는 다운증후군을 갖고 태어난 아이였다. 1918년 바실리를 낳을 때 타타냐의 나이는 마흔한 살이었다. 1933년 9월 25일 오후 에렌페스트는 보육시설에 있는 막내아들을 방문했다. 그리고 권총을 꺼내 아들은 쏜 다음 자기 자신을 쏘았다.

캐시미어는 이런 계획적이고 끔찍한 자살의 원인을 에렌페스트 부부 사이의 문제로 보았다. 파울에게 오래 전부터 다른 여자가 있었다는 것이다. 수학자도 물리학자도 아닌 미술 비평가인 젊은 여성! 에렌페스트는 이혼하고 그녀와 새 삶을 시작하길 원했으나 타타냐로부터 벗어나는 것은 뜻대로 되지 않았다는 것이다. 경위야 어찌됐건 남편 사망 후 타타냐 에렌페스트는 30년을 더 살았고, 1964년 평생을 살았던 레이덴에서 생을 마감했다.

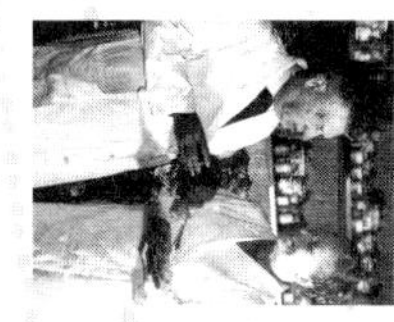

세상의 비틀림에도 흔들림 없이 | 이다 & 발터 노다크

이다 노다크 Ida Noddack(1896-1960)

독일 태생으로 베를린 공대에서 화학을 전공했다. 1925년 남편 발터 노다크와 함께 주기율표에서 비어 있던 마지막 화학 원소 레늄과 마수륨을 발견하여 주목을 받았지만, 학계에서 인정되지 못했다. 또한 핵 분열을 예견했지만 오토 한 등에게 철저히 외면당했으며 노벨상 후보로 다섯 번이나 올랐지만 친나치주의라는 곱지 않은 시선을 받아야 했다.

발터 노다크 Walter Noddack(1893-1978)

베를린 아카데미와 베를린 대학에서 공부했으며 아인슈타인의 광화학적인 등가법칙을 다룬 논문으로 박사학위를 받았다. 독일 연방 대학의 물리화학 연구소와 광화학 연구소의 소장을 지냈으며, 아내 이다와의 공동 연구로 레늄과 마수륨을 발견하였으며 광화학과 지구과학에 관한 연구도 꾸준히 진행했다.

1960년대 오토 한과 프리츠 슈트라스만에 의해 핵분열이 발견된 직후 「자연과학」이라는 잡지에는 화학자 이다 노다크가 1939년 3월 10일에 썼던 글이 실렸다. 그녀가 아주 신랄한 말투로 오토 한과 프리츠 슈트라스만이 우라늄이 중성자와 부딪쳐 방사될 때 원자핵이 깨질 수 있다는 자신의 추측을 시종일관 무시해 왔다며 한탄하는 내용을 담은 글이었다. 그랬다. 처음으로 핵분열을 예견했던 사람은 바로 이다 노다크였다. 그녀는 1934년 이미 핵분열을 예견했다. 당시 물리학자들은 우라늄보다 무거운, 자연 상태에는 존재하지 않는 소위 "초우라늄"이라는 새로운 원소의 생성은 인정했지만 원자핵 분열은 불가능한 것으로 여겼다. 이탈리아의 물리학자 엔리코 페르미는 1934년 우라늄이 중성자에 의해 조사될 때 우라늄과 상관없는 물질이 형성된다는 연구 결과를 발표했다. 그러나 그 과정에서 우라늄 핵이 분열될 수 있다는 이다 노다크의 의견은 계속 무시되었다.

핵분열을 둘러싼 학계의 무관심이 이다 노다크가 겪었던 유일한 수모는 아니었다. 이미 그 전에 노다크 부부는 한 가지 불명예를 감수해야 했다. 1925년 이다 노다크는 화학자인 남편 발터 노다크와 함께 주기율표에서 비어 있던 마지막 두 가지 화학 원소 43과 75를 발견함으로써 주목을 받았다. 화학 원소를 발견하면 보통 발견자들이 그 원소의 이름을 지을 권한을 갖게 되므로 노다크 부부는 75번 원소를 이다 노다크의 고향 라인란트의 지명을 따서

제대로 인정받지 못하고 세상에서 잊혀진 노다크 부부

"레늄[10]"이라 명하고, 43번 원소는 발터 노다크가 동프로이센의 마주리엔 출신이었으므로 "마수륨"이라고 명명했다.

75개의 원자를 가진 원소의 발견은 학계에 의해 받아들여졌고 노다크 부부의 제안에 따라 "레늄"이라고 명명되었다. 그러나 43번 원소에 대해서는 그렇지 않았다. 학계는 그 발견을 의심했고 결국 그 안은 기각되어서 "마수륨"이라는 이름을 기억해 주는 이

---

10) rhenium(Re), 주기율표 7족에 속하는 회유금속으로 밀도가 가장 큰 원소들 중의 하나. 만년필 펜촉을 이 레늄의 합금으로 만든다.

는 아무도 없게 되었다. 노다크 부부가 그것을 발견한 지 25년이 흐른 1949년에야 전문 용어 결정권을 갖고 있는 국제 기구인 IUPAC는 암스테르담에서 열린 15차 총회 때에 이탈리아 물리학자인 에밀리오 세그레[11]의 제안을 받아들여 그 원소를 "마수륨" 대신 "테크네튬[12]"이라고 명명했다. 팔레르모 출신의 에밀리오 세그레와 그의 동료 카를로 페리에르가 1937년 사이클로트론에서 43번 원소의 방사성 동위원소를 생산해 냈던 것이다. 세그레는 이런 원소가 기술적인 수단으로만 생산이 가능할 뿐, 자연에는 존재하지 않는 첫 원소라고 주장했고, 그 주장은 받아들여져 그가 지은 "테크네튬"이라는 이름이 모든 학술 논문과 도표와 주기율표에 도입되었다.

그러다가 1980년대 후반 그 원소에 대한 노다크 부부의 사후 명예 회복이 이루어지게 되었다. 1989년 벨기에의 물리학자 피터 반 아쉐가 오늘날의 화학 지식을 바탕으로 노다크 부부가 연구했던 자료들을 새롭게 분석한 결과 노다크 부부가 당시 이 희귀한 원소를 증명했었다는 것을 알게 되었던 것이다. 반 아쉐는 이들의 명예회복을 위해 그 원소를 "마수륨"이라는 원래의 이름으로 바꾸어 불러야 한다고 주장했다. 그는 "마수륨이라는 원래의 이름을 사용

---

11) Emilo Segrè(1905-1989), 이탈리아 태생 미국의 물리학자. 양성자와 질량은 같으면서 반대 전하를 띤 반양성자를 발견하여 노벨 물리학상을 받았다. 12) technetium (Tc), 주기율표 7족에 속하는 인공적으로 만들어진 최초의 합성 방사성 원소.

하는 것은 발견자들의 명예 회복을 위해 마땅한 조처다."라고 말했다.

[엇갈리는 평가들]

오늘날 마수륨, 즉 테크네튬은 안정된 동위원소가 아닌 것으로 밝혀져 있다. 그것은 자연적으로 일어나는 우라늄 238 동위 원소의 분열에 의해 우라늄을 함유한 광석에서 생긴다. 벨기에의 피터 반 아쉐와 같은 연구자들은 1925년의 자료들을 연구함으로써 노다크 부부가 실제로 우라늄 분열에서 생산되는 물질을 증명했음을 알아냈다. 그로써 노다크 부부는 새로운 원소를 발견했을 뿐 아니라 예상치 않게 핵분열까지 발견했던 것이다.

그러나 학계는 "테크네튬"이라는 용어를 "마수륨"으로 바꾸지 않았고, 이다 타케와 발터 노다크 부부의 위상은 오늘날까지 모호하다. 어떤 사람들은 그들을 잘못 평가된 위대한 학자로, 또 어떤 사람들은 악명 높은 불평가로, 또 다른 사람들은 골수 민족주의자이자 나치에 동조했던 사람들로 여긴다. 명확한 판단은 어려워 보인다.

발터 노다크의 학문적인 이력은 화려했다. 그는 전문적이고 수준 높은 능력을 과시했다. 1893년 8월 17일 베를린에서 태어난 발터 노다크는 1912년 가을 베르크 아카데미와 베를린 대학에서 화학, 수학, 물리학 공부를 시작했다. 그러다가 1차 대전이 발발하자 1914년에서 1918년까지 자원병으로 복무했고, 그 후 베를린 대학 물리-화학과의 발터 네른스트 밑에서 박사학위를 받았다. 발터 네른스트는 근대 물리 화학의 토대를 만든 과학자였다. 박사 논문에서 그는 아인슈타인의 광화학적인 등가법칙을 다루었고, 그 논문으로 1920년 철학부 금메달을 수상했다.

그 후 2년간 물리화학과의 조교로 있던 노다크는 이어 베를린의 물리 기술 연방기관의 참사관이 되어, 그곳의 화학 실험실 주임으로 있었고, 그 후 물리 기술 연방기관의 의장이었던 지도교수 네른스트 덕분에 새로 설립된 광화학 실험실의 소장이 되었다. 그리고 그곳에서 고등 참사관으로 승진해 근무하다가 1935년 대학으로 자리를 옮겨 프라이부르크 대학 물리화학과 교수로 일했으며, 1941년 슈트라스부르크의 독일 연방대학에 부임하여 물리화학 연구소와 그가 새로 설립한 광화학 연구소장을 지냈다.

또한 제2차대전 후에는 밤베르크 철학·신학 대학의 정교수가 되어 화학 강의를 했고, 사설 지구과학 연구소도 설립했다. 그 연구소는 1956년 국가 기관으로 이전되었으며 노다크는 1957년 에르랑엔 대학 교수직도 겸임하게 되었다.

발터 노다크는 평생 착상이 풍부한 팔방미인형 연구자였다. 물리 기술 연방기관에 근무할 때 그는 주기율표의 공백을 메꾸기 위한 연구를 했고 1925년 레늄과 마수륨을 발견했다. 후에는 광화학과 지구과학에 관심을 쏟았으며 사진에 대한 물리학적 요소들의 영향, 사진의 감광도 확대 메커니즘, 유기적인 색소의 광 전기적 특성, 녹색식물의 탄수화물 동화작용, 인간 눈의 광화학 등에 대해 연구했다. 또한 광석의 나이를 연구하고 광상 연구에 대한 새로운 방법을 개발했으며, 폭약의 에너지와 소금의 용해도를 측정하고 무엇보다 화학자들이 "진귀한 흙"이라고 부르는 특별한 원소들을 연구했다.

1960년 발터 노다크가 사망했을 때 "독일 화학자 협회"는 추모사에서 발터 노다크의 학문에 대한 이다 타케의 기여도에 대해 언급했다. 독일어로 된 화려한 추도사는 이렇게 되어 있었다. "… 그는 학문을 시작하고부터 인생을 마칠 때까지 아내 이다의 부단하고 헌신적인 도움을 누릴 수 있었다. 유기화학과 일반화학 영역에서 이루어진 그의 광범위한 연구와 지구과학 논문들은 아내와 함께 연구하고 발표한 것이다. 노다크 부부를 통해 우리의 학문은 한층 풍요로워질 수 있었다. 우리가 발터 노다크에게 진 빚에 대해 감사와 인정을 표할 때마다 이다 노다크-타케를 함께 언급하지 않을 수 없다."

이 정도의 표현은 어떻게 보면 약소하다고 하겠다. 왜냐하면 이다 노다크-타케는 독자적으로도 뛰어난 연구자였기 때문이다. 그녀는 거의 40년간을 남편과 함께 연구하고 일했다. 그들은 함께 많은 표창과 상을 받았고 1933년의 《레늄》이라는 책을 비롯 36개에 이르는 공동 저작물을 발표했다. 그들은 결혼하기 직전인 1925

년 첫 공동 논문을 발표했으며, 발터 노다크가 죽기 2년 전인 1958년 마지막 공동 논문을 발표했다.

[대담한 발상]

1919년 처음 만났을 때 둘은 대학 졸업반이었다. 이다는 베를린 공대에서 화학을 전공했으며 1921년 박사학위를 받고 아에게AEG 사에서 근무했다. 아마도 이다가 베를린 공대를 우수한 성적으로 졸업한 것이 취직에 도움이 되었을 것이다. 이다 타케는 아에게 사에서 합성수지와 연소제와 윤활제를 취급했고, 1922년부터는 지멘스 사와 할스케 사에 근무하면서 오토 베르크 및 발터 노다크와 함께 주기율표를 채울 마지막 원소들을 찾기 시작했다. 할스케 사의 소유주 집안과 잘 아는 사이였기에 그곳에서 사적인 연구를 위한 공간과 기술적 지원을 받을 수 있었던 것이다. 그리고 1925년 이다는 20대 후반의 능력이 탁월한 화학자로 물리 기술 연방기관에 초빙 연구원으로 몸담게 되었다.

그곳에서의 오토 베르크 및 발터 노다크와의 공동 연구는 곧 성과를 거두었다. 이다 타케와 발터 노다크는 곧 찾고 있던 원소의 빈도수와 화학적 특성에 대해 중요한 예측을 할 수 있었다. 그러나 실질적인 증명까지는 물론 상당한 시간이 소요되었다. 우선 광물의 거대한 양을 힘든 과정을 거쳐 화학적으로 분리하고 녹여야 했다. 원소를 5천 배 축적시킨 후에 X선 스펙트럼을 통해 원소 75가

증명되었고 레늄이라고 명명되었다. 레늄은 결혼 선물이나 마찬가지였다. 이다 타케는 1925년 5월 발터 노다크의 부인이 되었기 때문이었다.

이물질이 섞이지 않은 상당량의 75번 원소를 얻기 위해 얼마나 많은 노력이 필요했던가! 노다크 부부는 스칸디나비아의 연구 여행에서 수백 가지의 광물을 모았으며, 1928년 새로운 원소의 화학적, 물리학적 특성 연구를 가능케 해 줄 레늄 1그램을 손에 넣기까지는 몰리브덴[13] 660킬로그램이 필요했다. 2년 후 이 두 학자는 특별한 제련 과정을 고안해 냈고 원소를 기술적으로 제조하는 방법도 마련했다. 그로부터 레늄은 귀금속의 합금 재료로 사용되고 있으며, 열전기나 대음극 제조 등 화학적으로 특히 저항력이 강한 합금에 사용되고 있다.

노다크 부부는 레늄 덕분에 1932년부터 1937년까지 다섯 번이나 노벨 화학상 수상 후보에 올랐고 그 밖에도 많은 인정을 받았다. 독일 화학자 협회는 1931년 레늄의 발견을 기념하여 유스투스 리비히 기념주화를 증정했고, 할레의 레오폴디나 독일 자연 연구 아카데미에서는 노다크 부부에게 회원 자격을 주었으며, 스웨덴 화학 협회는 1934년 두 사람에게 메달을 수여했다.

그러나 그들이 레늄과 함께 발견한 두번째 원소는 그들에게

---

13) molybdenum(Mo), 주기율표 6족에 속하는 은회색 금속. 고온에서 강철 및 다른 합금의 강도를 높이는 데 쓰인다.

그런 행운을 가져다 주지 못했다. 그들이 마수륨이라고 명명한 43번 원소는 X선 스펙트럼 결과 그리 명백하게 드러나지 않았고, 게다가 결정적인 것은 온갖 노고에도 불구하고 이 원소를 측정 가능한 양만큼, 비판적인 사람들까지 그것의 존재를 확신할 만큼 확보하지 못했다는 점이었다. X선을 통한 연구에서 원소 43의 농축이 충분했는가, 정말로 노다크 부부가 마수륨을 확인할 수 있었는가에 대한 논의는 오늘날까지 이어지고 있다.

노다크 부부는 흔들리지 않고 그들의 정당성을 주장했다. 특히 1934년 9월 이다 노다크가 마수륨에 대한 인식을 바탕으로 「응용 화학」지에 〈43번 원소에 대하여〉라는 논문을 게재함으로써 초우라늄에 대한 토론에 끼어들었을 때 그녀는 과학자들 사이에서 눈엣가시 같은 존재가 되었다. 로마의 엔리코 페르미의 주장에 의하면 초우라늄은 자연에 존재하는 가장 무거운 원소보다 더 무거운 인공 원소로서 우라늄을 중성자와 충돌시키는 과정에서 생성할 수 있다고 했다. 그러나 이다 노다크는 페르미의 주장을 비판적으로 분석하면서 그의 방식으로는 새로운 원소의 존재를 거의 증명할 수 없다고 반박했다. 이다는 페르미가 추정한 초우라늄은 우라늄 핵이 개개의 조각으로 분열되는 현상으로 해석할 수 있다고 주장했다. 그녀다운 대담한 생각이었다. "무거운 핵을 중성자와 충돌시키면 이 핵이 여러 조각으로 분열될 수 있다. 그 조각은 알려진 원소의 동위원소일 것이나 방사된 원소와는 다른 것들이다."

당시의 물리학자들은 이런 대담한 추측을 말도 안 되는 것으로 받아들였다. 이다 노다크의 가설은 로마, 파리, 베를린에서 모두 무시되었다. 페르미와 그의 연구 팀뿐 아니라 이렌 졸리오-퀴리, 오토 한, 리제 마이트너 역시 우라늄이 중성자에 의해 조사될 때 어떤 일이 일어나는가를 연구하고 있었다. 학계 전체가 이다 노다크의 의견을 무시하고 비웃었다. 그러다가 4년 후 오토 한이 핵분열을 발견했을 때에야 이다가 옳았음이 증명되었다. 오토 한은 핵분열을 발견한 공적으로 노벨상을 수상했다. 이다 노다크는 오토 한에게 그가 자신의 의견을 계속적으로 무시했으며 나중에도 그녀의 이름을 한 번도 언급하지 않았다고 비난했지만, 이다에게 돌아오는 것은 질책뿐이었다.

1939년 2월 17일, 이다는 독일·스웨덴의 화학자인 한스 폴 오일러-켈핀에게 보내는 편지에서 분노를 터뜨렸다. 그녀는 이렇게 썼다. "나의 발표 직후 한과 마이트너의 첫 초우라늄 연구 논문이 발표되었는데 그들은 거기서 나의 논문에 대해 한 마디도 언급하지 않았어요. 전화로 이유를 물어보자 한은 내 연구를 '예의상' 언급하지 않았다고 하더군요. 나의 가설이 방사성 전문가들이 보기에는 말도 안 되는 것이어서 입 다물고 있는 것이 낫겠다는 말이었지요.…한스, 나를 이해해 줘요. 나는 결코 오토 한의 발견에 대해 부정하려는 것은 아니예요. 그는 그 연구를 성공적으로 해냈어요. 하지만 그의 업적에 대한 평가는 축소되어야 해요. 왜냐하면

1934년에 이미 우리가 그런 분열 과정을 예측했었으니까요."

이 시점에 그녀는 베를린에 있지 않았다. 1935년 남편이 프라이부르크 물리화학과 교수가 됨에 따라 그녀는 남편을 따라 갔고, 1942년에는 스트라스부르크로, 1946년에는 밤베르크로 거처를 옮겼다. 노다크 부부에겐 자녀가 없었다. 이다 노다크는 발터 노다크가 가는 곳이면 어디든지 그곳에서 그의 충실한 파트너가 될 수 있었다. 1935년에서 1945년까지 프라이부르크 대학의 물리화학과에서, 그리고 2차 대전 후에는 프리랜서 화학자로서, 다음 1956년부터는 지구과학 국립연구소에서 말이다. 이다 노다크는 발터 노다크가 작고하고 나서도 8년을 더 그곳에서 연구했다.

[학계의 따돌림]

남편과 마찬가지로 이다 노다크는 지각과 우주의 원소에 대해 연구했다. 굉장한 근면과 끈기가 요구되는 연구였다. 세월이 흐르면서 그녀는 발터 노다크와 함께 100개의 광물과 운석을 연구하고 원소들의 빈도수를 추론해 냈다. 휴가 여행에서조차 그들은 학문적인 관심을 늦추지 않았다. 그리하여 1939년에는 휴가를 이용하여 공동 연구 논문을 발표하기도 했다. 제목은 "바다 동물의 중금속 빈도수"였다. 노다크 부부는 모든 광물에는 모든 원소가 포함되어 있다고 확신했다. 그리고 그것을 "편재하는 농축"이라는 용어로 표현했다. 물론 정식 용어로 정립되지는 못했지만 말이다.

이다 노다크는 화학 잡지와 전집 등에 60개의 논문을 발표했고 단행본 두 권을 펴냈다. 1933년 남편과 함께 공동 저술한 《레늄》과 1942년 홀로 저술한 《화학의 발전과 구조》가 그것이었다. 그러나 대담한 연구와 방대한 저작 목록에도 불구하고 그녀도 그녀의 남편도 그리 유명세를 얻지는 못했다.

전문가 동료들이 노다크 부부를 꺼렸던 것은 학문적인 상황과 관계가 있었던 것 같다. 노다크 부부는 학계의 주류파와는 거리가 멀었다. 게다가 전공을 통합하는 연구 스타일을 구사했는데, 그것은 당시 모든 가능성을 다 놓칠 수 있는 위험한 연구 스타일로 받아들여졌다. 또한 그들은 베를린 물리 기술 연방기관이라는 학계에서 별로 권위가 인정되지 않는 기관에 근무했다. 남편은 참사관으로서 정규 관리 코스를 밟아 나갔지만 이다는 정규직도 아닌 초빙 연구원일 따름이었다. 그들 둘의 지위로 볼 때 그들은 오토 한과 리제 마이트너가 속한 빌헬름 카이저 연구소 같은 학문적 귀족의 광휘와는 거리가 멀었다. 그들에게 노다크 부부는 도전 상대로조차 여겨지지 않았다.

학문 사회학자들은 그리 지명도가 높지 않은 연구소에 몸담고 있는 학자들의 경우 그들의 학문적 발견으로 주목을 끌기가 얼마나 어려운가 하는 것을 누누이 지적해 왔다. 그 발견이 아무리 선구적인 인식이라 해도 학계의 관심을 끌기가 어려운데, 하물며 그 발견이 모호하고 시기상조이거나 동시대인들의 생각에 전혀 맞지 않는 추측들이라면 학계의 무관심은 쉽사리 적대감으로 변한다. 특히 신참내기가 자신의 입장을 굽히려 하지 않을 때는 말이다. 노다크 부부는 마수륨을 발견하고 그런 운명을 겪었다. 그리고 핵분열을 예견하고 다시 한 번 그런 운명을 겪는다.

학계는 이다 노다크의 의견에 공식적인 입장 표명을 생략한 채 무조건 비웃음으로 일관했고, 나중에 이다는 신경에 거슬리는 귀찮은 여자 정도로 취급되었다. 1935년에서 1938년까지 발터 노다크가 오토 한에게 핵분열에 대한 이다의 가설을 상기시킬 때마다 오토 한은 마수륨 사건을 언급하며 "실수는 한 번으로 족하다!"고 했다. 한의 발견 후 이다 노다크는 잊혀진 인물로 취급되었고, 리제 마이트너는 망명지 스톡홀름에서 오토 한에게 보낸 편지에서 이다 노다크를 "불쾌한 여자"라고 표현했다. 또한 「자연과학」지의 발행인 파울 로스바우드에게 보내는 편지에서도 자신보다 열여덟 살 연하인 이다 노다크의 행동을 "학문과는 거리가 먼 소심함과 질투"라고 비난했으며 이다가 바보 멍청이가 되었다고 조롱했다. 노다크 부부의 평판은 마수륨에 대한 분쟁에서 이미 흠이 가기 시작했던 것 같다. 그리고 그로 인해 핵분열에 대한 이다의 추측도 더 쉽게 묵살되었다. 1939년 오토 한이 핵분열을 발견했을 때 그는 자신이 그것을 예견한 적이 있었음을 한 마디만이라도 언급해 달라는 이다의 요구를 인정받고 싶어하는 유치한 열망쯤으로 비하해 버렸다.

한과 리제 마이트너가 노다크 부부를 그렇게 싫어했던 것은 학문적인 우위 다툼뿐 아니라 시대 특유의 정치적인 맥락과도 관계가 있는 것처럼 보인다. 노다크 부부를 알았던 몇몇 학자들은 후에 노다크 부부가 나치에 대해 그렇게 열광적이지 않았으며, 그들이 결코 NSDAP[14]가 아니었다고 말했다. 그러나 또 다른 사람들은 그들이 열렬한 나치주의자였다고 주장한다. 가령 에밀리오 세그레는 1987년의 인터뷰에서 발터 노다크가 1937년 나치 문양을 붙인 SA[15] 유니폼 차림으로 그의 팔레르모 실험실을 찾아왔다고 말했다. 또한 파울 로스바우드 역시 노다크 부부가 1933년 이후 젊은 시절의 동료였던 오토 베르크를 유태인이라는 이유로 이름조차 입에 담지 않았다고 증언했다.

진실은 가리기 힘들다. 오토 한과 리제 마이트너의 서신 왕래에서도 정확한 것은 나타나지 않는다. 1939년 4월 오토 한은 이다 노다크에 대해 이렇게 썼다. "여기 우리들 중에는 그녀의 친구가 없다. 아마 다른 그룹에는 몇 명 있을 것이다." 이다 노다크가 대체 친구를 원하긴 했는지, 어느 그룹에서 원했는지는 알 수 없다. 그러나 그녀의 정치적인 성향은 그리 중요해 보이지 않는다. 더구나 나치 치하에서 다른 여성 학자들과 마찬가지로 이다 역시 그다지 잘나가지도 못하지 않았는가!

---

14) National-Sozialistische Deutsche Arbeiter-Partei, 나치당. 국가사회주의로 알려진 대중운동을 추진한 독일 정당. **15)** Sturmabteilung, 독일 나치당의 준 군사 조직.

핵분열에 대한 우위 다툼에 관한 한, 오토 한은 거칠고 단호하게 반응했다. 우라늄 핵 분열은 그의 발견이었고 그는 이다 노다크이라는 이름을 각주에서조차 한 번도 언급하지 않았다. 그와의 오랜 갈등 후에 이다 노다크는 60년대 말에야 흡족한 한마디를 들을 수 있었다. 백발이 성성한 오토 한이 마지막 방송 인터뷰에서 결국 "이다가 옳았다"고 말했던 것이다.

그러나 그뿐이었다. 기발한 생각이나 하는 외톨이가 아니라 이렌 졸리오-퀴리, 리제 마이트너와 더불어 1930년대의 핵물리학을 선도하는 여성 학자였던 이다는 이미 잊혀진 인물이었던 것이다. 이다 노다크는 1978년 82세의 나이로 바트 노이에나르의 양로원에서 사망했다. 남편보다 18년을 더 살았고 영양학 잡지에 마지막 글을 기고한 지 5년이 흐른 시점이었다.

아내를 위해 일을 포기한 남편 | 캐슬린 & 토머스 론즈데일

캐슬린 론즈데일 Kathleen Lonsdale(1903-1971)

결정구조 연구에 필요한 여러 가지 X선 기술을 발달시킨 영국의 학자이며 런던 왕립학회 회원으로 선출된 최초의 여성이다. X선을 이용하여 벤젠 화합물의 분자내에 있는 탄소원자들이 규칙적인 6각형으로 배열됨을 알아냈다. 퀘이커 교도로 열렬한 평화주의자였던 그녀는 전쟁 중에 반공 감시원의 임무를 거부하여 형을 살았다. 핵무기 반대 운동과 평화와 자유를 위한 국제 여성 기구를 이끌기도 했다.

토머스 론즈데일 Thomas Lonsdale(1901-1979)

런던의 유니버시티 칼리지에서 케슬린을 만나 결혼했다. 실크 연구소와 교통부 연구실 등 그가 종사해 온 분야는 응용 학문이었고 성실한 직업인이었다. 아내 캐슬린의 재능이 빛을 발하게 하기 위해 헌신적인 노력을 기울인 남편으로 기억되고 있다.

캐슬린 론즈데일은 1903년 1월 28일 해리 프레데리크 야들리와 제시 카메론의 열번째이자 막내아이로 태어났다. 그녀의 아버지는 캐슬린이 태어나던 당시 북아일랜드의 우체국장으로 일했고 캐슬린은 야들리 부부가 오랜 별거 생활을 마감하면서 화해의 표시로 낳은 아이였다. 그러나 캐슬린이 다섯 살 되던 해 부모는 결국 완전히 헤어지고 말았다. 어머니는 아이들을 데리고 런던 동쪽의 소도시인 세븐킹스로 갔다. 비록 함께 살지는 않았지만 아버지는 캐슬린에게 깊은 영향을 끼쳤다. 캐슬린은 나중에 자신이 아버지로부터 물려받았던 수학과 문학에 대한 열정, 그리고 책과 백과사전에 대한 사랑을 감사함으로 회고했다.

캐슬린 야들리는 아주 어렸을 때부터 재능있는 학생이었다. 열 여섯 살이 되면서 그녀는 런던 장학금을 받고 베드퍼드 대학에서 수학과 물리학을 공부하기 시작했다. 물리학은 남성 경쟁자들이 너무 많아 여학생이 하기에는 부적합하니 수학을 전공하라는 학과장의 충고를 가볍게 날려버리고 캐슬린은 열아홉의 나이로 학사 시험을 탁월하게 치러냈다. 당시 캐슬린의 필기시험 점수는 십년 전 이래 런던 대학 물리학과를 다녔던 학생들 중 가장 높은 점수였다. 당시 시험관이었던 노벨상 수상자 윌리엄 헨리 브래그 경은 캐슬린의 성적에 깊은 감명을 받아 그녀에게 연구조교 자리를 제의했다. 연구조교로서 받는 급료는 일 년에 180파운드 정도였다. 중학교 교사를 했다면 240파운드는 받았을 텐데 말이다. 그러

결정학의 새 지평을 연 캐슬린 론즈데일(나무 오른쪽)과 아내를 위해 잡일꾼 역할을 마다하지 않았던 토머스 론즈데일(맨 왼쪽)

나 캐슬린은 급료가 적더라도 공부를 계속하고 싶어했으므로 망설임없이 그 제의를 받아들였다.

브래그 경은 10년 전에 이미 X선을 이용하여 결정 구조를 연구하는 방법을 고안했고, 그에 기초하여 X선 분광기를 개발하여 아들과 함께 노벨 물리학상을 받은 유명한 학자였다. 브래그의 팀에서 캐슬린 야들리의 과제는 X선을 이용하여 유기체의 결정구조를 연구하는 것이었다. 그리하여 1922년 런던 유니버시티 칼리지에서 결정학자로서의 첫걸음을 내딛은 캐슬린은 그 다음 브래그 경을 따라 런던의 왕립연구소로 가서 연구했다. 캐슬린 야들리는 일생 동안 결정학에 정진했고 결정구조를 분석하기 위한 수많은 X선 기술들을 개발했다. 토머스 론즈데일과 결혼하여 1927년부터 3

년간 리드에 고립되어 살았을 때조차 연구를 중단하지 않았으며 그 후 다시 런던 왕립학회로 복귀했다.

1940년대와 50년대에 캐슬린 론즈데일은 학문적인 노력의 열매를 거두었다. 1945년에는 런던 왕립 학회의 첫번째 여성 멤버로 뽑혔으며, 1946년 런던 유니버시티 칼리지의 강사로, 1949년에는 같은 대학의 화학 교수로 지명되었고 1956년에는 대영제국의 데임Dame 작위를 수여받아 귀족 신분이 되었다. 1957년에는 런던 왕립학회의 데이비 메달을 받았고 1960년에서 1961년까지 런던 왕립학회의 부의장을 지냈다.

캐슬린은 바쁘게 학문에 정진하면서도 딸 둘, 아들 하나를 키웠다. 그녀의 관심사는 매우 다양했으며, 여행을 좋아하여 지구를 반 바퀴나 돌기도 했다. 그녀는 퀘이커 교도들의 모임인 소사이어티 오브 프렌즈의 회원이었으며 평화와 자유, 교도소 개혁을 위해 힘써 일했다. 그녀의 학문적 명성은 이러한 정치 활동에 도움이 되었다.

캐슬린 론즈데일은 50년이라는 세월을 결정학에 투신했고 그 분야의 거장이 되었다. 1922년 그녀가 결정학을 시작했을 때는 X선 회절을 이용한 결정학 연구 방법은 가히 초보 수준이었다. 겨우 10년 전에 독일 물리학자 막스 폰 라우에가 X선의 간섭현상을 통해 결정의 격자구조를 증명했고, 이어 브래그 부자가 간단한 결정의 X선 구조 분석을 위한 도구와 수학을 개발했던 것이 고작이었다. 그로부터 결정학자들은 결정 구조에 X선을 통과시킬 때 생성되는 회절을 연구하여 결정의 원자구조의 공간적 배열을 알아낼 수 있었으며, 수백 가지의 독립된 자료들로부터 결정의 분자구조를 산출할 수 있었지만, 복잡한 수학적 연산 없이는 불가능한 것이었고 캐슬린 론즈데일이 등장하기까지 비교적 간단한 무기물의 구조를 파악하는 것 이상으로는 나아가지 못했다. 유기 분자들의 크기와 형태, 원자간 거리는 거의 신대륙이나 다름없었다.

캐슬린 론즈데일은 박식한 수학자이자 물리학자로서 우선 이론적인 면에서 그 문제를 연구하기 시작했다. 그녀는 결정구조를 수학적으로 묘사하는 데 천착했고 유기적인 결정의 분자적 대칭 구조를 연구했다. 스물한 살 때 발표한 논문은 유기 분자의 결정학이라는 어려운 분야에 입문하려는 초보자가 꼭 읽어야 할 고전이 되었다. 그녀는 또한 계속적으로 결정구조를 수학적으로 표현하는 데 많은 시간과 힘을 들였다. 그녀가 연속으로 내놓은 "국제 X선 결정학 기준표"는 결정학 연구를 위한 기본 도구로 자리잡았다. 요즘에는 물론 컴퓨터 프로그램이 고도로 복잡한 계산을 대신해 주지만 말이다.

캐슬린 론즈데일은 유기화학에 대해 더구나 화학에 대해서는 아무것도 모른다고 엄살을 떨었지만 화학 분야에서도 중요한 발견을 했다. 1929년 그녀는 벤젠 화합물의 분자 내에 있는 탄소 원자들이 실제로 육각형으로 배열된 것을 확인했고 정확한 사이즈까지 제시했다. 학계는 경탄해 마지않았다.

그러나 결국 그녀의 사랑은 결정 물리학 분야에 머물렀다. 캐슬린은 오랫동안 다이아몬드의 결정을 연구하고, 다이아몬드 내의 탄소 원자 사이의 거리를 잴 수 있는 X선 기술을 개발했다. 그리고 60세가 가까워지자 방향을 약간 틀어 결정학을—아마도 나이가 들다 보니까—의학적인 문제에 적용했다. 친한 비뇨기과 전문의가 신장 결석과 담석 결정들을 보여준 것이 계기가 되어 캐슬린은 인간의 몸 속에서 나온 이런 결정들을 전에 다이아몬드를 연구했던 것처럼 연구하기 시작했다. 그녀가 이런 연구를 한다는 사실이 세간에 퍼져나갔을 때 그녀의 실험실 책상은 역사적인 유물들로 가득 찼다고 한다. 나폴레옹 3세의 담석을 보내준 사람도 있었다고 한다.

캐슬린 론즈데일은 X선 결정학의 발전과 그와 연관된 물리학, 화학 분야에서 굉장한 영향을 행사했다. 아주 다양한 방향에서 그처럼 중요한 진보를 이룬 학자는 드물었다. 학계에서 캐슬린 론즈데일이라는 이름은 일찍부디 알려져 있었다. 1924년에 쓴 논문 두 편만 결혼 전 이름인 야들리로 써냈고, 1927년 결혼 직후 브래그 경 밑에서 쓴, 구두 시험도 면제될 정도로 훌륭한 박사학위 논문부터는 론즈데일이라는 이름을 사용했던 것이다. 박사학위 논문은 결혼 신고나 마찬가지였다. 논문 표지에는 "캐슬린 야들리(미시즈 론즈데일)"라고 적혀 있었다.

캐슬린 론즈데일은 많은 논문들을 썼다. 그 중에는 그녀의 이름 옆에 동료의 이름이 적혀 있는 논문도 많다. 그러나 남편 토머스 론즈데일의 이름이 나오는 논문은 단 한 편도 없다. 토머스 역시 학자였고, 게다가 캐슬린과 같은 분야에 있었는데도 불구하고 말이다. 캐슬린과 토머스 론즈데일은 44년 동안 결혼생활을 했고 거의 50년 동안 지적으로나 감정적으로 연대되어 있었다. 비록 공동 저술은 하지 않았지만 그들은 학문적으로 모범이 될 만한 부부였음에 의문의 여지가 없다.

[결혼 선물이 된 박사학위]

캐슬린 야들리와 토마스 론즈데일은 1922년 런던의 유니버시티 칼리지에서 처음 만났다. 그들 둘은 물리학 상급학기였고 첫번째 학사 학위 시험을 치른 상태였다. 열아홉 살의 캐슬린은 윌리엄 헨리 브래그 교수 밑에서 X선 결정학을 공부하고 있었고, 스무 살의 토머스 론즈데일은 알프레드 W. 포터 교수 밑에서 금속 철사의 탄성에 대해 공부하고 있었다. 원래 토머스는 의학을 공부할까 했으나, 결국 아버지를 따라 자연과학으로 방향을 돌렸다. 그는 할아버지를 닮아 철학에 관심이 있었고, 종교적인 주제에 대해 토론하는 것을 즐겼다. 일요일을 함께 보내기 시작하면서 캐슬린과 토머스는 종종 런던 교회에 가서 함께 설교를 들었다.

토머스와 캐슬린이 공부했던 런던 "유니버시티 칼리지"의 캐어리 포르스터 실험실은 작은 시골집을 개조한 건물이었고 젊은이들은 거기서 학문을 배우고 연구할 뿐 아니라, 종교, 정치, 삶에 대해 토론하고 지하실에서 탁구도 치며 공동체를 이루었다. 캐슬린은 남쪽 방향의 1층에서 일했는데 1923년부터는 그녀의 실험실 책상에 독자적으로 이용하는 이온화 분광계가 설치되어 있었다. 어느 날 캐슬린이 무엇인가를 땜질해야 했는데 토머스가 그것을 대신해 주겠다고 했다. 그러자 캐슬린은 공손히 사양하면서 대신 땜질하는 법을 가르쳐 주었으면 좋겠다고 말했고, 그것이 계기가 되어 둘은 가깝게 지내게 되었다.

1923년 윌리엄 브래그 경은 런던 왕립학회로 자리를 옮겼고 캐슬린도 그 뒤를 따라갔다. 토머스 론즈데일 역시 유니버시티 칼리지를 떠나 리드 대학의 직물학과와 연계된 영국 실크 연구소에서 일했다. 그는 거기에서 비단 섬유의 탄성을 연구했고 더불어 특별한 측정기를 발명했다.

헤어져 있는 동안 캐슬린과 토머스는 매일 매일 편지를 주고받았다. 종교적이고 철학적인 문제들에 대해서도 편지로 토론했다. 그리고 드디어 토머스는 캐슬린에게 편지로 청혼을 했다. 그들은 약혼을 했으며 약혼 기간은 4년간 이어졌다. 캐슬린은 네 아이를 낳겠다는 계획이었고, 일단은 결혼과 함께 일을 그만두겠다고 생각했다. 그러나 토머스는 캐슬린의 결정을 만류했다. 캐슬린의 삶에 연구가 얼마나 중요한지, 그리고 캐슬린이 얼마나 비전있는 학자인지를 알았기 때문이었다.

캐슬린과 남편은 1927년 8월 27일 에섹스 소재 일포드 침례 교회에서 결혼식을 올렸다. 같은 해 12월 캐슬린은 박사학위를 받았는데, 구두 시험이 면제되자 캐슬린은 남편에게 시험관이 자신의 긴 수학공식을 듣고 있기가 지겨워 면접시험 수당을 포기하기로 결정했나 보다고 농담을 했다.

캐슬린은 토마스 론즈데일을 따라 리드로 옮겨갔고 집에서 연구를 계속했다. 생계에 대한 캐슬린의 기여는 아주 미미했다. 캐슬린은 런던의 베드퍼드 대학의 얼마되지 않는 장학금을 받으며 리드 대학 물리학과에서 보조 조교로 일했다. 그녀는 처음에는 그저 종이 위에 끄적여 가면서 탄소 결합의 비대칭에 대해 연구했다. 그러다가 런던 왕립학회가 실험 도구 구입 비용으로 150파운드를 희사했을 때에야 비로소 X선을 이용하여 6각의 메틸 벤젠과 같은 복잡한 결정을 연구할 수 있었다. 계산은 아주 어려웠으며 진척이 더디고 피곤했다. 캐슬린 론즈데일은 저녁 식사 후 남편이 박사학위 논문을 위해 금속 철사를 가지고 탄력을 연구할 때면 남편 곁에 앉아 자신의 연구를 했다.

부부는 작은 규모지만 공동으로 살림을 했다. 그들은 함께 장을 보고 아침에 먹을 구즈베리 마멀레이드를 요리했으며, 아침 식사를 하고 난 다음에 출근하기 전에 함께 점심에 먹을 야채를 준비했다. 캐슬린은 30분 일찍 집으로 돌아와 12시에 점심식사를 함으로써 대학에서의 점심값 지출을 아꼈다.

1928년 11월, 캐슬린이 벤젠 고리의 육각 구조를 증명하는 논문을 완성한 지 얼마 되지 않아 딸 제인이 태어났다. 젊은 엄마는 그 논문을 런던 왕립학회에 제출했다. 연간 50파운드를 받아 가정부를 고용하기 위해서였다. 그리고는 아기 침대 옆에서 연구를 계속했다.

1930년 토머스 론즈데일은 실크 연구소를 그만두게 된다. 그러나 같은 수준의 월급을 받으며 영국 교통부의 연구실에서 일할 수 있게 되었고 론즈데일 부부는 다시 런던으로 돌아왔다. 1931년 그곳에서 딸 낸시가 태어났다.

캐슬린은 집에서 대수표만 가지고 결정학 계산을 계속했다. 그녀는 육각의 클로르메틸을 연구했고, 이 시지푸스적인 연구에서도 주목할 만한 결과를 내어 학계에서 높은 평가를 받게 되었다. 1934년에는 론즈데일 부부의 셋째이자 막내 아들인 스티븐이 세상에 나왔다. 스티븐이 태어난 후 캐슬린은 예전의 후원자인 런던 왕립학회의 브래그에게 되돌아갔다. 그리고는 1942년 브래그가 사망한 후에도 3년이나 더 그곳에 머물렀다. 그녀는 런던 왕립학회에 임시로 고용되어 있었기 때문에 해마다 재계약을 해야 했다.

아이들을 양육하면서 론즈데일 부부는 독실한 퀘이커 교도가 되었고 열렬한 평화주의자가 되었다. 평화주의를 표방했던 캐슬린은 전쟁 때 방공 감시원으로서 등록하라는 명령을 거부했고 그것

때문에 어려움을 겪었다. 물론 그녀는 이미 자유롭게 방공에 봉사하고 있었지만 등록하려고는 하지 않았다. 캐슬린이 보기에 그런 행동은 전쟁에 공식적으로 참여하는 것이고, 어떤 상황 가운데에서도 그것을 원치 않았기 때문이었다. 캐슬린은 이런 거부로 말미암아 자신의 학문과 경력에 해를 초래할 수도 있으며, 남편과 아이들을 어려움에 처하게 할 수도 있음을 알았다. 그러나 그녀는 전쟁을 악에 대적하는 잘못된 방법이라고 여겼고 자신의 의견을 고집했다.

급기야 관청은 그녀를 소환했고 2파운드의 벌금을 부과했다. 그리고 그녀가 벌금을 납부하지 않자 그녀를 한 달 동안 할러웨이 교도소에 감금했다. 1943년 1월 23일 마흔 살 생일을 6일 앞두고 그녀는 추위에 떨면서 감옥 생활을 해야 했다. 그러나 교도소 측은 그녀에게 몇 가지 호의를 베풀었다. 실험 도구와 자료를 가지고 저녁마다 감옥에서 연구를 할 수 있게 한 것이다.

[헌신적인 남편]

캐슬린 론즈데일은 일찌감치 학자로서 인정받았으나, 1945년에서야 비로소 런던 왕립학회 멤버로 선정되었다. 미생물학자 마조리 스테펜슨과 함께 여성으로서는 최초였다.

더구나 기혼 여성이자 아이를 키우고 있는 엄마로서 명예의 전당에 입성하는 것은 정말로 축하받을 일이었다. 캐슬린은 자신이 뽑힌 것에 대하여 기뻐하면서 자신의 감옥 생활과 런던 왕립학회의 결정 사이에 어떤 연관이 있지 않을까 오래도록 생각했다.

1946년 12월, 44세 때 그녀는 모교인 런던 유니버시티 칼리지의 전임강사가 되었다. 그녀는 화학과에서 학회를 결성하고 연구에 매진했다. 그리고 그 뒤 3년을 더 기다려 결정학을 시작한 지 22년 만에 캐슬린은 드디어 결정학 교수직에 오르게 되었다.

1956년 1월, 캐슬린 론즈데일은 할머니가 되었으며 동시에 브리티시 엠파이어의 여성 의장이 되었다. 같은 해에 그녀는 미국과 영국과 러시아의 핵무기 개발에 대항하여 핵무기 반대 운동을 벌였다. 〈평화는 가능한가?〉라는 논문으로 논쟁을 불러일으켰고, 반전 운동을 위한 강연에 많은 시간을 쏟았다. 캐슬린은 "평화와 자유를 위한 국제 여성 기구"의 영국 지부 대표를 맡았고 남편은 그녀를 위해 서신 관리를 해주었다.

제2차대전 후 토머스 론즈데일은 직장의 명령으로 도처에 방공호를 짓기도 하고, 이어 교통부의 연구실에서 일했다. 그는 거기서 오토바이 헬멧과 도로 포장, 교통 표지판 그리고 교통 흐름을 조종하는 장치들을 개발하고 시험했다. 그리고 아내의 정치 활동을 뒷받침하기 위해 1960년 60세의 나이에 직장을 퇴직했다. 그는 기꺼이 아내의 비서이자 "잡일꾼"이 되었다. 론즈데일 부부는 그동안 런던에서 기차로 두 시간 반 떨어진 해안 가의 쾌적하고 조용한 전원 마을 벡스힐 온 시에서 생활하고 있었다. 캐슬린 론즈데일은 런던까지 오가는 데 많은 시간을 투자해야 했다. 캐슬린은 매일 새벽 5시 30분이면 어김없이 일어나야 했고 저녁에 캐슬린이 지친 채 돌아오면 남편은 아내에게 차를 가져다 주고, 침대 머리맡으로 따뜻한 저녁 식사를 가져다 주었다.

1970년 12월 캐슬린 론즈데일은 백혈병 진단을 받았다. 반백 년 가까이 X선을 취급했던 탓일 것이다. 남편의 70세 생일 때 잠시 병원을 떠날 수 있었을 뿐인 힘든 투병 생활 끝에 그녀는 1971년 4월 1일 68세를 일기로 생을 마쳤다. 토머스는 옛 집에서 머물며 외롭게 8년을 더 살고 아내 곁으로 갔다.

[최고의 남편으로]

결혼은 캐슬린과 토머스 론즈데일에게 있어 삶의 중심이었다. 그들은 신에 대한, 학문에 대한, 배우자에 대한, 가족에 대한 믿음 속에서 공동체를 이루었다. 부부는 함께 퀘이커 교도가 되었고 평화운동에 참여했다. 남편의 도덕적인 지지가 없었다면 캐슬린 론즈데일은 전쟁 때 그렇게 하찮은 일로 감옥에 갈 만한 용기를 내지 못했을 것이다. 토머스 론즈데일은 나중에도 아내의 발전에 완벽한 외조를 했다. 당시 통용되던 고정관념을 무시하고 그는 아내를 위해 기꺼이 "잡일꾼"을 자청했다. 그는 자질구레한 일을 처리하고 문서 수발을 했으며 아내가 공식적인 학문 활동 외에 평화운동과 교도소 개혁 운동을 하고 세계를 여행할 수 있도록 도와주었다.

캐슬린 론즈데일은 유니버시티 칼리지와 베드퍼드 대학의 교수가 되었을 뿐 아니라 국제 결정학 연합회의 의장이 되었으며 "영국 과학 발전 연합"의 첫번째 여성 의장이 되었다. 또한 영국의 많은 대학에서 명예박사학위를 받았다. 그에 비해 토머스 론즈데일의 학문적 커리어는 미미했다. 처음부터 그는 응용 학문 쪽으로 기울어졌고, 연구가 아니라 돈벌이를 우선시해야 했다. 그는 착실한 직업인이었지만 학자로서의 국제적 명성은 얻지 못했다. 그의 몇 안 되는 논문은 소수의 전문가들에게만 흥미로운, 물질의 성질과 측정도구에 대한 것들이 전부였다. 그는 명예직에 오르지도, 상이나 메달을 타지도 못했다. 인명사전에 그는 자신의 업적으로서가 아니라 유명한 아내의 남편으로서만 실려 있다.

그러나 토머스 론즈데일은 빛나는 배우자의 역할로 학계에 지대한 공헌을 했다. 그가 없었더라면 금세기의 유명한 결정학자 캐슬린 론즈데일은 없었을 테니까 말이다. 토머스 론즈데일은 어느 모로 보나 최고의 여성 과학자에게 어울리는 남편이었다.

더 나은 미래를 위해

너무 젊었지만 완벽했던 커플 | 마거릿 미드 & 그레고리 베이트슨

마거릿 미드 Margaret Mead(1901-1978)

미국의 인류학자. 과학적이고 체계적인 연구와 흥미있는 저술로 높은 명성을 얻었다. 남태평양의 원시 종족들에 관한 연구로 유명하다. 또 여성의 권익과 육아 · 성 도덕 · 핵 확산 · 인종 관계 · 약물 남용 · 인구 조절 · 환경 오염 및 기아 문제 같은 광범위한 주제와 관련하여 적극적으로 활동했다.

그레고리 베이트슨 Gregory Bateson(1904-1980)

미국의 인류학자. 미국의 첫 인공 두뇌학과 정보 이론 개발에 참여했으며, 더블바인드 이론을 발전시켰다. 그는 생물학적인 진화와 생각의 흐름, 모든 학습이 같은 형태의 원칙과 틀을 가지고 있다고 강조했다. 마거릿 미드와의 사이에 난 딸 메리 캐서린과도 공동 연구를 했다. 마거릿 미드와는 이혼했지만 학문적 동료로서 잘 지냈다.

마거릿 미드와 그레고리 베이트슨은 15년간 결혼 생활을 했으며, 1932년 처음 만나서부터 1939년 제2차대전이 발발하기까지 10년 가까운 시간 동안 함께 연구했다. 그들의 협동 연구의 결실은 마거릿 미드의 논문 〈세 부족 사회의 성과 기질〉(1935), 베이트슨의 뉴기니 연구 논문 〈네이븐〉(1936), 그리고 공동 저서 〈발리인의 특성〉(1942)이었다.

제2차대전이 끝난 후, 특히 50년대와 60년대에 마거릿 미드는 미국에서 가장 유명한 인류학자였고, 문화적인 스승이었다. 미드의 학문적 연구의 근간이 된 기간은 남태평양의 일곱 부족과 오마하 인디언의 현장 연구에 바쳤던 10년이었다. 그녀는 일생 동안 당대의 심리학적 인식을 문화인류학과 연결시키고, 태평양의 여러 소부족들을 연구한 결과와 미국을 비롯한 다른 서양 사회가 당면한 문제들과의 연관성을 강조하고자 애썼다. 그녀는 문화적 변천과, 인류의 존속, 그리고 새로운 삶의 형태를 연구하는 것이 비교행동학의 중심 과제라고 보았다. 전쟁 중에 그녀는 대영제국에 있었고 전후에는 미국과 새로 설립된 이스라엘에서 사회 정치적 조언자로 활동했다. 그녀는 많은 주제들을 다루었고 자신의 경험에 비추어 아동과 청소년 교육, 문화의 특징, 성(性)과 결혼, 여성의 지위, 가족, 인종, 소수 민족, 종교와 윤리, 노화와 죽음, 그리고 나중에는 인구 집중화와 환경 문제 및 원자폭탄의 위험과 평화 정치 등에 천착했다.

마거릿 미드가 사회학을 공부한 것은 부모의 영향과 무관하지 않다. 미드의 아버지는 필라델피아 대학의 재정학 교수였으며, 어머니는 사회학을 전공하여 마거릿이 태어날 무렵에 박사학위를 받았다. 마거릿 미드는 어렸을 때부터 주변 세계를 체계적으로 관찰하는 데 일가견이 있었다. 그녀는 꼬마였을 때부터 달리기 놀이의 종류를 연구하고, 술래를 정하는 말들을 수집했으며, 사람들이 제 3자에게 어떻게 인사를 전해 달라고 하는지, 그리고 두 사람의 입에서 동시에 같은 말이 튀어나오면 그 두 사람이 어떤 행동을 취하는지, 또는 두 사람이 손을 잡고 걸어가다가 가로등이나 나무에 막히면 어떻게 행동하는지 등을 호기심있게 조사했다.

그럼에도 불구하고 마거릿 미드가 전공을 곧장 사회학으로 정했던 것은 아니었다. 미드는 처음에는 영문학, 그 다음 심리학을 공부했고, 석사학위 시험을 코앞에 두고서야 비교행동학으로 전공을 바꾸었다. 그녀는 인류학과 사회학뿐 아니라 미국 사회 전반에 지대한 영향을 끼쳤다. 사모아, 뉴기니, 발리에서의 현장 연구 결과들은 다른 문화에 대한 중요하고 진귀한 기록들이었으며, 미국인들의 아동 교육과 생활 양식의 규범으로 작용했다.

마거릿 미드는 원래 작가가 되려고 했었다. 젊은 시절부터 그녀는 같은 과 동료들을 위해 특별한 기사와 책을 쓰기 시작했을 뿐더러 의식적으로 광범위한 독자층을 겨냥한 저술을 했다. 그녀의 저서 중 인기있는 책들은 수백만 부 팔렸고 여러 언어로 번역되었

마거릿 미드와 그레고리 베이트슨. 둘은 현장 연구를 위해 결혼하고 발리섬에서 낳은 딸을 연구 대상으로 삼았다.

다. 미드는 18권의 공저를 포함해 총 44권의 책을 썼으며 수백 개에 이르는 논문을 발표했다. 죽기 전 20년간 마거릿 미드는 점점 더 공적인 인물이 되었고 라디오와 텔레비전, 신문을 통해 자신의 의견과 지식과 생각들을 사람들과 나누었다. 그녀는 28개의 명예박사학위를 받았으며, 1979년 미국 대통령 지미 카터는 고인의 업적을 기려 평화의 메달을 수여했다.

그레고리 베이트슨 또한 캠브리지 출신의 영국 유전학자 윌리엄 베이트슨의 아들로 생물학자 집안에서 태어났다. 그는 전공을 넘나드는 사회연구가로 인간과 동물의 의사소통 양식들을 연구하고, 남태평양 민족들과 정신분열증 환자들, 돌고래와 해파리와 수달 연구에 천착했다. 베이트슨은 감정은 이미 형성된 이성의 틀과 내적인 논리를 따른다고 확신했으며, 생각과 감정을 분리하는 것을 거부했다. 그는 현란한 학력으로 하버드와 하와이 사이의 이름있는 대학, 연구소, 병원을 두루 거치며 연구를 했다.

1940년대 초, 그는 미국의 첫 인공 두뇌학과 정보 이론 개발에 참여했다. 그리고 1950년 정신의학과 행동 연구에 몰두하면서 "더블 바인드 이론[1]"이라는 유명한 이론을 발전시켰다. "더블 바인드"에 관한 논문은 오늘날까지 정신분열증의 이해를 위한 유명하면서도 논쟁적인 논문으로 자리매김하고 있다. 1960년대, 그는 대학생들의 반 문화 운동에 선구적인 역할을 했고, 1972년의 저서 《마음의 생태학》으로 환경운동에서 뿐 아니라 캘리포니아의 뉴에이지 그룹에서 떠받드는 인물이 되었다. 그는 학회와 강의를 통해 많은 청중들에게 정신의 본질과 삶의 다양한 형식들의 연관에 대한 자신의 생각들을 전달했다. 그리고 1979년 세상을 떠나기 직전에 자신의 인식이론을 《마음과 자연》이라는 책에 담았는데, 거기서 그는 생물학적인 진화, 생각의 흐름, 모든 학습은 같은 형태의 원칙, 또는 틀에 좌우됨을 강조했다. 그 책은 마거릿 미드와의 사

---

1) 사람이 이러지도 저러지도 못하는 난처한 상황에 몰리는 경우로 이중 구속 상태라 한다.

이에서 낳은 딸 메리 캐서린과의 협동 작업 끝에 완성되었다.

베이트슨은 세 번 결혼했다. 마거릿 미드는 그의 첫번째 아내였다. 그녀는 1930년대에 학자로서의 베이트슨에게 많은 영향을 끼쳤다. 미드와 베이트슨은 그들이 함께 한 상대적으로 짧은 기간을 서구 문명이 닿지 않은 민족들을 연구하는 기회로 활용했다. 그들의 서로 다른 교육적 배경, 즉 미드는 미국에서, 베이트슨은 영국에서 인류학을 공부한 것은 협동 연구에 지대한 도움이 되었다. 미드는 세련된 연구 방법을 구사할 줄 알았고 베이트슨은 논리에 강했다. 그들은 서로의 강점을 잘 활용해 공동의 새로운 단초로 나아갔다. 이러한 협동 연구를 통해 탄생한 뉴기니의 부족들에 관한 두 권의 저서는 그들의 상이한 지적 전통과 더불어, 지속적인 토론으로 형성된 상호 연대를 보여준다.

[발리섬에서]

미드와 베이트슨은 1932년 뉴기니의 세픽 강가에서 처음 만났다. 미드는 그곳에서 두번째 남편인 뉴질랜드인 레오 포춘과 함께 현장 연구를 하고 있었다. 이 세 인류학자는 거의 일 년간 한 가족처럼 똘똘 뭉쳐 함께 연구하고 생활했다. 폐쇄 공포증에 걸릴 만도 한 작은 텐트에서 말라리아에 대한 공포에 치를 떨면서 모기장을 휘감고 지적인 고공비행에 취해서 말이다. 일 년 후 이 세 사람은 세 개의 각기 다른 원고를 들고 정글을 빠져나왔다. 이때 미드는 원고말고도 미래의 남편을 얻은 셈이었다. 그 기간 동안 두번째 남편에게서 베이트슨에게로 관심을 돌렸기 때문이다.

미드와 베이트슨은 나중에 자신들의 결혼을 인류학에 유익한 사건으로 보았다. 두 사람은 이어 발리로 현장 연구를 떠날 계획을 세웠다. 사실 마거릿 미드는 이미 비슷한 결혼 생활을 경험한 바 있었다. 베이트슨과의 결혼은 미드에게 세번째 결혼이었다. 두 번째 결혼은 연하의 동료학자 레오 포춘과 했고, 1923년의 첫번째 결혼은 신학자 루터 그레스만과의 결혼이었는데, 나중에 그녀는 이 결혼을 "대학생 결혼"이라 불렀다. 사모아로 갔던 첫 연구 여행에서 돌아오면서 미드는 배에서 레오 포춘을 만났다. 그녀는 아이를 가질 수 없을 거라는 의식 속에서 살았고 1928년 아이 없이 연구 공동체를 이루려는 의도에서 포춘과 결혼했다. 그리고 포춘과 함께 책을 쓰기 위해 아드미랄리티 군도로, 그 다음 뉴기니로 현장 연구에 들어갔다. 그리고 그곳 이아트물에서 연구하던 그레고리 베이트슨을 만났던 것이다.

미드와 베이트슨은 1935년 발리로 현장 연구를 떠나는 길에 싱가포르에서 결혼했다. 그들의 결혼은 외딴 곳에서의 현장 연구를 수월하게 해 주었다. 결국 발리에서의 현장 연구 계획이 결혼의 정당성을 제공해 주었던 것이다. 그러므로 처음부터 이 결혼이 제한된 현장 연구 기간을 넘어 오래 지속되지는 못할 것이라는 예감도 없지 않았다. 그러나 파라다이스 같은 섬에서의 현장 연구 기간은 기대했던 것 이상이었다. 그들의 딸 캐서린은 나중에 이렇게 서술했다. "강렬함의 세월이었다. 어머니는 완전한 삶이었다고 말했다. 나의 부모는 첫번째 아이로 책을 생산했고 거기에 각자 다른 방식으로 참여했다."

발리에서의 현장 연구에서 가장 좋았던 점은 베이트슨의 생물학적인 관심과 교육이 미드의 사회학적인 인식과 아동 관찰에 대한 경험과 문화적 지식과 절묘하게 결합되었다는 것이다. 부부의 관심은 무엇보다 엄마와 아이의 상호작용에 관한 것이었다. 미드와 베이트슨은 발리에서 아이들이 엄마의 얼굴 표정이나 목소리뿐 아니라 촉각적인 자극과 태도와 움직임에도 반응한다는 것을 밝혀냈다.

협동 연구는 두 인류학자의 보완적인 능력과 재능을 엮어냈다. 마거릿 미드는 관찰된 것들을 총체적으로 해석했고, 그레고리 베이트슨은 다양한 사회 문화적 측면을 개별적으로 인식하는 데 집중했다. 이를테면 발리 남자들의 닭싸움을 관찰하면서 발리 남자들의 손동작을 관찰하는 따위였다. 서로 언구 스타일이 달랐음에도 불구하고 둘은 문화적 현상들의 인식과 전달에 대한 열정에서 하나였고, 그런 문화 양식들을 생물학적으로, 사회적으로 잘 보존하려는 점에서는 죽이 잘 맞았다.

미드와 베이트슨은 발리에서 카메라와 영사기를 십분 활용했다. 그들은 행동의 전개와 견본을 자세히 담기 위해 25,000컷의 사진과 6개의 영화를 찍었다. 그것들은 아이들 교육과 문화 견본이 어떻게 일치하는지를 보여주었다.

오늘날에도 미드와 베이트슨의 사진과 영화는 인류학의 시각적 고전으로 여겨지고 있다. 그들의 공동 작업으로부터 1942년 《발리인의 성격: 사진 분석》이라는 책이 나왔다. 시각적인 보여주기 방법은 미드와 베이트슨이 각자, 깊이 뿌리박힌 직업적 전통과 결별하지 않고 지금까지 알려지지 않은 통찰들을 나눌 수 있는 새로운 공통 분모였다. 인간의 행동을 관찰하고 기술적인 방법을 동원함으로써 각자 자신의 강점을 보완적으로 증명할 수 있게 하는 인종지의 사진학 방법은 두 사람에게만큼은 탁월한 방법이었다.

[부부가 겪는 숙명적인 고통]

그렇다면 1930년대 어떤 사적, 공적 조건들이 미드와 베이트슨의 공동 연구를 뒷받침했으며, 나중에 또한 무엇이 그들을 다시 헤어지게 했는지가 궁금할 것이다. 앞서도 말했지만 결혼을 결심하게 한 동기는 발리에서 공동으로 현장 연구를 하고자 함이었다. 그들의 결혼은 각자에게 다른 모양으로지만 아무튼 인류학적 연구에 도움이 되었음이 분명하다. 마거릿 미드는 나중에 자서전에 이렇게 썼다. "나는 서른네 살이었다. 그리고 그레고리는 서른한 살이었다. 나는 필생의 과업을 뒤에 두고 있었고 그레고리는 앞에 두고 있었다. 우리는 거의 같은 나이로 보였다. 우리 둘 다 나이보다 약간 젊어 보였다. 그러나 여러 가지 점에서 우리 사이에는 엄청난 연령차가 존재했다.…그것을 넘어 연구에 임한 열성도 완전히 달랐다. 그러나 발리는 우리가 필요로 했던 바로 그곳이었다. 발리는 내게 질질 끌지 않는 지적이고 감정적인 완벽한 연구 파트너였고, 그레고리에게는 단번에 이해되는, 결코 생각을 정리하기 위해 메모장이 꽉 차기를 기다릴 필요가 없이 단숨에 다가오는 자료들을 제공해 주는 대상이었다."

미드와 베이트슨은 각자 익숙한 사회 환경과 멀리 떨어져 고독하고 고립된 낯선 환경 가운데 함께 정체성 상실의 위험과 싸워야 했던 동시에, 사회가 강요하는 성 역할과 다른 요구들로부터는 자유로움을 누릴 수 있었다.

현장 연구에서 돌아오면서 부부에게 문제가 된 것은 이제 일상에서 두 사람이 어떤 문화적인 코드를 따를 것인가였다. 미드는 두번째 결혼으로 그것이 얼마나 힘든 문제인지를 이미 잘 알고 있었다. "남녀의 고정된 성 역할을 통해 야기되는 문제들은 차치하더라도 상이한 문화적 배경을 가진 부부기 겪어야 하는 숙명적인 고통이 있다. 가령 영국의 교양있는 남성들은 미국에서라면 여성들이 알아서 처리할 문제에까지 개입한다. 집안 인테리어는 어떻게 할 것인지, 테라스에 장미를 심을 것인지 말 것인지, 휴가는 어디로 떠날 것인지 하는 것 등을 말이다."

더 복잡한 것은 아이를 키우면서 벌어지는 일들이었다. 현장 연구에서 돌아온 미드와 베이트슨은 더 이상의 공통 분모를 찾지 못하고 방황했다. 뉴기니에서 시작되어 발리에서 강화되었던 둘의 관계는 차츰 심각하게 손상되었고, 전쟁으로 인해 수년간 별거 생활을 한 후, 1947년 그레고리 베이트슨이 최종적으로 뉴욕의 집을 떠나 한 댄서와 함께 다른 곳에서 동거를 시작함으로써 완전히 깨졌다. 미드와 베이트슨은 1950년 이혼에 합의했다. 물론 더 이상은 안 보겠다는 차원이 아니라 학문적인 동료로, 친구로서 남겠다는 차원에서 말이다.

[진정한 결실]

마거릿 미드는 강하고 지배적인 성격이었을 뿐 아니라 1932년 뉴기니에서 그레고리 베이트슨을 알게 되었을 때 이미 직업적인 명성과 아울러 전공 분야에서 유명세를 누리고 있던 학자였다. 1926년 이래 그녀는 뉴욕의 미국 자연사 박물관에 적을 두고 있었다. 처음에는 관장 보조로서, 나중에는 관리책임자인 부관장과 명예관장까지 올랐다. 그녀는 남태평양 부서를 관할했다. 박물관 탑맨 꼭대기에 있는 미드의 전설적인 작업실은 그녀가 죽기까지 52년간 미드에게 거의 고향이나 다름없는 장소였다. 마거릿 미드의 학자적 명성과 제2차대전 후 점점 더해가는 대중적 인기는 3년 연하의, 당시에는 별로 유명하지 않았던 남편에게 소외감을 느끼게 했을 것이 틀림없다. 베이트슨이 미드와 이혼한 후 전혀 직업적인 야망이 없는 젊은 여성과 결혼한 걸 보면 미드와의 결혼이 베이트슨에게 얼마나 부담이었는지를 짐작할 수 있다. 이혼, 그리고 뒤이은 베이트슨의 재혼에도 불구하고 미드는 베이트슨의 취직을 위해 추천서를 써 주면서 전 남편을 후원했다.

베이트슨은 미드의 마지막 남편이었다. 미드는 영국 인류학자 제프리 고러와 네번째 결혼을 하려 했으나 성사되지는 않았다. 미드는 일생 동안 많은 남성들, 그리고 여성들과 내적으로 돈독한 관계를 맺었다. 그녀는 물론 사생활에 대해서는 끊임없이 침묵으로 일관했다. 미드의 박사학위 지도교수 프란츠 보아스의 조교로 있던 인류학자 루스 베네딕트[2]와 수년간 동성애 관계였다는 소문도 있었지만 미드는 그에 대해 한마디도 언급하지 않았다.

그러나 그레고리 베이트슨과의 사이에서 낳은 외동딸 메리 캐서린의 양육에 관해서 만큼은 매우 공개적인 태도를 취했다. 나중에 부모의 뒤를 이어 인류학자가 된 메리 베이트슨은 부모님에 대해 책을 한 권 썼는데, 그곳에 그녀는 두 유명한 학자를 매우 인간적인 커플로 묘사했다. "사람들은 부모님이 둘이 함께 있는 것을 보면 너무나도 대조적이라는 생각을 하지 않고는 못 배겼다."라고 그녀는 썼다. "옛날 사진을 보거나, 다시 기억을 더듬어 보면 나 역시 사람들처럼 똑같이 신랄한 불협화음이 엄습한다. 몸집이나,

---

2) Ruth Benedict(1887-1948), 미국의 인류학자. 문화인류학, 특히 문화와 인성 연구 분야에 큰 영향을 끼쳤다.

움직이는 스타일, 속도 모두 도무지 비슷한 게 없었다. 어머니는 150cm 정도의 작은 키에 움직임이 잽싸고, 절제되어 있어서 필요한 것은 무엇이든지 자기 주변에 두어 팔을 조금만 뻗어도 되게끔 했다. 그에 반해 아버지는 193cm의 장신에 이런 키를 어깨 밑으로 조금이라도 줄이려는 노력으로 젊은 시절을 보냈으며, 자신의 긴 사지를 어디다 두어야 할지 도무지 모르는 것 같았다.…어머니는 순발력있고 목표 지향적으로 하루를 보냈다. 거의 모든 활동이 이미 세워진 계획에 따라서 움직이는 것 같았다. 그녀는 지칠줄 몰랐으나, 결코 에너지를 낭비하는 타입은 아니었다.…그에 반해 아버지의 하루는 미룸과 침묵으로 점철되어 있었다. 다음 행동을 취하기 위해 당신의 길다란 몸을 움직이기 전에 한동안 멍하니 앉아 있곤 했다.”

이들의 딸 메리 캐서린 베이트슨의 어린 시절은 관찰과 기록의 대상으로 점철된 시절이었다. 인류학자 부모는 끊임없이 “발리인이 아닌” 자기들의 아이에 대해 메모하고, 사진을 찍어댔다. “나의 부모는 모든 방마다 카메라를 설치해서 어린 아기인 나의 행동의 흥미로운 순간들을 언제라도 포착할 수 있게끔 했다. 아버지에 대한 어릴 때 기억은 아버지의 목에 늘 라이카 카메라가 걸려 있었다는 것이다. 내가 태어날 때는 아버지가 옆에 없었으므로 엄마는 다른 사람을 시켜 나의 탄생을 찍게 했다. 당시로서는 전대미문의 사건이었다. 어머니는 탄생 직후의 아기는 가장 자기본연의 모습을 갖는다고 믿었다. 시간이 흐름에 따라 어쩔 수 없이 주변의 영향을 받게 되니까 말이다."

마거릿 미드는 딸을 양육할 때도 다른 문화를 통해서 배운 지식들을 적용했다. 그래서 젖을 줄 때도 시간 같은 것을 따지지 않고 아이가 원할 때마다 젖을 주었다. 그리고 아이가 울면 언제든지 안아 주었다. 이런 육아 방법들은 캐서린의 소아과 의사인 벤자민 스폭[3] 박사가 자신의 책에서 미드의 양육 방법을 소개하면서 널리 퍼져나갔고, 그 책은 미국 자녀 양육의 가장 인기있는 필독서가 되었다. 그리고 나중에 이혼하고 홀로 아이를 키우면서 오늘날 직장을 다니면서 혼자 아이를 키우는 엄마들의 바람직한 양육 방식을 선구적으로 시도했다. 즉 친구 및 동료들과 거의 가족 같은 분위기에서 지냄으로써 아이로 하여금 다양한 나이의 아이들과 어울려 대가족적인 분위기를 맛보는 시간을 많이 마련해 주었던 것이다. 또한 미드는 처음부터 아이를 맡기는 장소나 사람, 어느 한 가지는 지속적일 수 있도록 배려했다. 결코 낯선 집의 낯선 사람에게 맡기지 않았다.

마거릿 미드와 그레고리 베이트슨의 짧았던, 그러나 강력했던 공동체는 특별한 직업적인 관심과 상황, 공동 연구와 공동의 삶

---

3) Benjamin Spock(1903-), 미국의 소아과 의사. 부모들의 이해와 융통성을 촉구하는 내용의 어린이 양육에 관한 저서로 유명하다. **4)** 19세기 말과 20세기 초 미국에서 활발히 전개되었던 대중적인 성인 교육활동. 오늘날에도 계속되고 있다.

이 두 사람에게 매력적으로 다가올 수밖에 없는 환경에서 나온 결과다. 이런 공통 분모로부터 기인하는 새로운 삶의 형태는 오늘날까지 직장이나 가정에서 성 역할을 좀 융통성있게 수행하고자 하는 부부를 위한 마르지 않는 영감의 원천이 되리라 믿는다.

그들의 딸 메리 캐서린의 다음과 같은 감동적인 글은 헤어진 지 25년이 지난 후, 삶의 말년에 다다른 마거릿 미드와 그레고리 베이트슨이 서로에게 어떤 심리적, 지적 에너지를 가지고 있었는지를 보여준다. "1978년 여름, 어머니는 셔토커 운동[4]의 일환으로 열리는 학회를 주재했고 아버지와 나는 처음이자 마지막으로, 동료로서 엄마가 선정한 다른 몇몇 학자와 더불어 그곳에 초대받았다. 우리는 거기서 각자 강연을 했는데 내가 많은 청중들 앞에서 강연을 하는 동안 두 분은 마침내 화해한 오랜 연인처럼 나란히 앉아 계셨다."

세상을 바꾸고 싶은 꿈 | 알바 & 군나르 뮈르달

알바 뮈르달 Alva Myrdal(1902-1986)

스웨덴의 사회학자. 외교관. 1982년 군축에 관한 공로로 노벨 평화상을 수상했다. 국제연합과 유네스코에서 일했으며 인도 · 미얀마 · 스리랑카에서 외교관 생활과 제네바 군축 회의 의장, 스톡홀름 평화연구소 소장을 지냈다. 남편과 공동으로 《인구 문제의 위기》를 집필했으며 이 책은 스웨덴 사회 정책의 토대가 되었다. 민권 운동과 여성 운동의 방향을 제시했다고 평가받는다. 활발한 사회활동 때문에 자녀들의 원망을 듣기도 했다.

군나르 뮈르달 Gunnar Myrdal(1898-1987)

스웨덴의 경제학자 · 사회학자. 1974년 노벨 경제학상을 수상했다. 미국 내 흑인들의 경제 · 사회 문제들을 연구해 《미국의 딜레마 : 흑인문제와 현대민주주의》를 집필했다. 이 책에서 그는 부유한 나라와 빈곤한 나라의 경제발전 격차는 줄어드는 것이 아니라 오히려 점점 더 확대되어, 결국 부유한 나라는 규모의 경제로 이익을 누리는 반면 빈곤한 나라는 1차산업에 의존할 수밖에 없는 더욱 열악한 상태에 처하게 된다고 주장했다. 평화롭고 평등한 세계를 위해 노력했으나 정작 사생활에서는 모순을 드러냈다.

알바와 군나르 뮈르달의 가장 유명한 저서는 그들이 공동 집필한 《인구 문제의 위기》(1934)라는 책이다. 학문적 이력의 초기에 쓴 이 책은 20세기의 사회 정치에 적절한 방향을 제시해 준 것으로 유명하다. 이 책에서 스웨덴의 사회학자 알바 뮈르달과 그녀의 남편인 경제학자 군나르 뮈르달은 스웨덴이 복지 국가로 나아가는 데 관건이 되는 기본 방침을 제시했다. 이 책은 앞으로 여성 해방에서부터 인종 차별, 기아에서 핵무장과 평화 정책에 이르기까지 20세기 중반의 모든 현안들을 다루게 될 이 부부의 오랜, 그리고 성공적인 학문적 협동을 알리는 신호탄이었다.

부부 공동의 학문적, 정치적 활동은 뮈르달 부부를 국내외의 높은 관직에 오르게 했으며, 그 관직에서 두 부부는 1950년대에서 70년대에 이르기까지 각자 독자적인 활동을 펼쳤다. 알바 뮈르달은 뉴욕과 파리의 UNO와 UNESCO에서 활동했고, 인도, 미안마, 스리랑카 대사, 제네바 군축 회의 의장, 스웨덴 국방부 장관을 역임했다. 군나르 뮈르달은 대학 교수를 지내면서 스웨덴 상공부 장관, 유럽 공동체 의장 및 스톡홀름 평화연구소 소장을 역임했다.

알바와 군나르 뮈르달은 서로 다른 분야에서 따로따로 노벨상을 수상한 유일한 부부다. 군나르 뮈르달은 1974년 노벨 경제학상을 수상했고, 알바 뮈르달은 1984년 노벨 평화상을 수상했다.

둘은 김나지움 시절 알게 되어 사랑에 빠졌으며, 스톡홀름에서 함께 대학을 다녔다. 군나르가 법학에서 민족 경제학으로 전공을 바꾼 것도 알바의 권유에 의한 것이었다. 알바 자신은 노르웨이학, 문학, 종교학을 거쳐 사회학과 심리학을 공부했다.

부부는 세상을 개혁하고자 하는 희망에 사로잡힌 채 1924년 꽤 이른 나이에 결혼했다. 뮈르달 부부는 애초부터 남편과 아내의 전통적인 역할상을 거부했다. 이들은 25년간 함께 여행하고, 연구하고, 함께 생각을 실현시켰다. 그들은 세 자녀를 두었다. 1927년 얀이 태어났고, 1934년 시셀라, 1936년 카이가 태어났다. 그러나 서로 강력한 동반자가 되어주던 결혼 초기를 지나 40년대 말부터는 이런 동반자적 관계가 흔들리기 시작했고, 그 후 오랫동안 그들은 공간적, 감정적으로 떨어져 지내기도 했다. 그러나 젊은 시절부터 이어지던 대화는 일생 동안 중단되지 않았다. "그런 대화의 향연을 즐기는 사람은 세상에 또 없을 거야." 알바 뮈르달은 딸 카이에게 남편에 대해 그렇게 말했다. 하지만 부부의 말년은 고독했다. 늙고 병약해진 부부는 양로원에서 따로따로 병을 앓다가 일 년 간격으로 죽음을 맞이했다.

[스웨덴의 스타 부부로]

《인구 문제의 위기》라는 공동 저서는 알바와 군나르 뮈르달을 스웨덴의 우상으로 만들었다. 고향 사람들은 이들을 이상형으로 생각했다. 부부는 그들의 생각을 삶으로 실천했다. 뮈르달 부부는 1936년 알바가 현대 가정을 위한 사회 개혁적 사고 위에서 설계한

가정보다 사회 개혁을 더 중요시한 알바 뮈르달

모델하우스에 입주했다. 알바는 이미 1932년경 초기 저서에서 가족 친화적인 건축 구조에 대해 구상했던 것이다.

스톡홀름의 아이펠비젠에 있는 그들의 집은 가족에 대한 알바의 아이디어를 실현시킨 건물이었다. 1층에는 거실과 아이들과 아이들을 돌보는 사람들을 위한 공간이 있었다. 그리고 2층에는 부부의 커다란 서재가 있었는데 그들은 서재에 커다란 쌍둥이 책상을 들여놓아 마주보고 앉을 수 있도록 했다. 그리고 3층에는 개

여성 운동의 방향을 제시한 군나르 뮈르달

인 서가와 침실이 있었는데, 침실은 두 개로 나뉠 수 있는 더블 침대를 한가운데 놓고 가운데를 미닫이 벽으로 막아 두 개의 독립 공간으로 만듦으로써 친밀성과 독립성을 동시에 존중하게 만들었다.

이 특이한 집은 스웨덴 사람들의 순례지가 되었다. 모두 아이를 함께 키우고, 공동체적 삶의 새로운 양식에 대해 진보적인 책을 쓴 부부의 집을 구경하고 싶어했다. 뮈르달 부부의 공동저작인 《인구 문제의 위기》는 많은 주목을 받았으며 그 부부가 책을 펴낸 다음 둘째 아이를 낳자 그 책은 더욱 센세이션을 불러일으켰다.

1930년대, 인구 감소는 스웨덴의 첨예한 문제였다. 보수주의자들은 출산 통제에 반대하는 입법을 관철시키고 여성들이 집안에 있도록 압력을 행사하며, 이민자들에 대한 민족적 경계심을 부채질하기 위해 낮은 출산율과 점점 줄어드는 인구에 대한 탄식을 늘어놓았고, 사회 민주주의자들은 그것에 방어를 하고 있던 터였다.

그런 시대적 배경 속에서 《인구 문제의 위기》라는 책에서 지적한 스웨덴의 인구 문제에 대한 뮈르달 부부의 입장은 스웨덴 사회 정책의 토대가 되었고, 그로써 스웨덴은 복지국가로서 선두적인 발걸음을 내딛게 되었다. 뮈르달 부부는 스웨덴이 민족 국가로 살아남기 위해서는 출산, 인구의 성별, 가족 계획, 주거 문제, 임금 문제, 육아 문제 그리고 사회 보장 문제 같은 민감한 문제에 국가가 더욱 더 주의와 여력을 기울여야 한다고 강조했다. 그들은 계획 경제와 완전 고용, 수입 재분배, 남녀 평등과 사회적 책임을 토대로 한 가족 재구성을 주장했다. 그들은 사회, 정치적인 개혁이 스웨덴을 고무시켜서 출산율을 끌어올리지 못하면 인구 감소는 민족 해체의 위기로까지 이어질 것이라고 우울한 예언을 했다.

뮈르달 부부의 논문은 거시 경제학적이고 인구 통계학적인 자료들과 취학 이전 교육과 청소년 보호, 노동 운동에 대한 통찰을 특별한 방식으로 혼합해 놓은 것이었다. 뮈르달 부부는 각자의 인식과 경험들을 그 책에 쏟아놓았다. 알바는 심리학 공부와 노동 단체 등 각종 단체 활동으로부터, 그리고 군나르는 정치 경제 이론과 실천으로부터 나온 경험과 인식들을 말이다. 혼자서는 감히 이루어낼 수 없었던 일을 함께 해낸 것이었다.

그러나 지적인 공생 관계는 일면일 뿐이었다. 뮈르달 부부는 더 나아가 삶 속에서 그들의 주장을 실천하고자 했다. 《인구 문제의 위기》를 출간하고 나서 정확히 한 달 후 둘째 아이를 출산한 것이 단지 우연이라 해도 이런 시간적인 일치는 의도된 것으로 보여졌다. 알바는 아이를 출산하자마자 책을 홍보하기 위해 순회 낭독 여행을 해서 잠시 비난을 들었지만, 장기적으로는 스웨덴의 인구 감소를 자신의 힘으로 막아 보려고 개인적인 노력을 했다는 점에서 높은 점수를 받았다.

알바 뮈르달은 무엇보다 결혼을 통해, 혼자였더라면 막혀 버렸을지도 모르는 학문에의 출구를 갖게 되었다. 군나르는 1933년에 이미 스톡홀름 대학 민족경제학 교수였지만, 당시 알바는 사회학 석사학위만 있었을 뿐이었다. 알바는 심리학 박사 논문을 쓰고자 했지만 결국 끝내지 못했다. 그러나 대학 졸업장만으로도 대우받는 교육 기관에서 실전을 쌓음으로써 이런 부족한 부분을 메꿀 수 있었다.

그러나 알바가 군나르의 경험 많은 동료이자 독립적인 학자로 발돋움하게 된 결정적 계기는 무엇보다 1930년에서 1931년까지의 미국 체류였다. 록펠러 재단으로부터 사회학 분야의 장학금을 받아서 가게 된 미국 여행에서 뮈르달 부부는 다른 많은 학자 부부들과 접촉할 수 있었다. 그 중에는 미국 사회학자 도로시 스웨인 토머스와 윌리엄 J. 토머스도 있었는데 도로시 토머스는 뮈르달 부부와 절친한 사이가 되었다. 그렇게 된 데에는 그들의 나이가 비슷했던 것도 작용을 했다. 군나르가 도로시보다 한 살 많았고, 알바는 도로시보다 두 살 적었다. 1930년 뮈르달 부부 쪽에서 토머스 부부를 스웨덴으로 초대했고 그 후 10년간 토머스 부부는 규칙적으로 학문적, 사적 교류를 위해 스톡홀름으로 왔다.

[아이들의 비난]

미국 체류는 그늘진 면도 가지고 있었다. 스웨덴의 할머니, 할아버지에게 맡겨 놓았던 세 살난 아들 얀과의 사이에 틈이 벌어지기 시작했던 것이다. 한번 벌어진 틈은 좀처럼 좁혀지지 않았다. 얀은 어려운 성장기를 보낸 후, 자신이 겪었던 갈등을 1986년 55세의 나이로 자서전 《스웨덴에서의 유년 시절》과 다른 두 권의 책에서 토로했다.

얀은 자신의 유명한 부모를 이중성을 지닌 위선자들이라며 비난하고 부모의 무관심으로 자신은 계속 상처를 입었다고 고발했다. "내가… 어린 시절 경험했던 것은 부모로부터 떨어져 지내며 받는 무관심, 그리고 엄마의 귀찮은 듯한 태도였다. 나는 없었더라면 좋았을 존재였다." 얀은 특히 엄마를 신랄하게 비판했다. "엄마는 신호를 받아들일 줄 몰랐다. 그녀에겐 직관이 부족했다.…엄마 가 아이들을 꼭 동물 대하듯이 했다. 엄마는 결코 아이들을 만지려 고 하지 않았으며 자연스럽게 반응할 줄 몰랐다. 그녀는 아동에 대 해 공부하고, 내가 다섯 살인가 여섯 살 때는 아동 심리학과 가족 학 강의를 하러 다녔다. 어느 정도 자라면서 내게 그런 행위는 초 현실적인 유머처럼 보였다."

얀의 첫번째 자서전은 알바 뮈르달이 노벨 평화상을 받았을 즈음 출판되었다. 그 책은 오랜 세월 가족을 괴롭혀온 문제를 세간 에 낱낱이 까발리는 계기가 되었다. 알바가 죽은 후 알바 뮈르달의 딸 시셀라 복과 카이 펠스터는 얀 뮈르달이 아이 때부터 가족 사이 에서 골칫덩어리였으며, 열일곱 살에 아버지와 다투고 집을 나갔 다고 증언했다. 엄마는 아들이 다 자라도록 앞길을 열어 주려고 애 썼다고 했다. 그러나 그 역시 별 소용이 없었고 얀은 늙은 부모와 의 인연을 끊어 버리고 다시는 부모를 받아들이지 않았다.

자신만을 생각하는 아버지와 남편과 아들에 얽매인 엄마 때 문에 정작 손해를 본 것은 두 딸이었다. 막내 카이는 자신이 가정 에서 결코 자신의 욕구를 솔직히 표현할 수 없었다고 말했다. 그녀 는 열세 살이었을 때 "갑자기 일이 어떻게 돌아가는지 파악할 겨를 도 없이 엄마가 세워놓은 직업 계획의 빠른 물살 속으로 휩쓸려 들 어갔다"고 했다. 1949년 알바 뮈르달은 UN 사회복지 위원회 상임 이사를 맡아 달라는 제의를 받아들였다. 그것은 그때까지 국제 연합에서 여성에게 제의했던 가장 높은 직위였다. 그보다 3년 전에 알바는 파리의 유네스코의 부의장이 되어 달라는 제안을 거절했었다. "가족들과 함께 그곳으로 옮겨갈 수 없다"는 것이 이유였다.

그러나 1949년 UN으로부터 제의를 받은 알바 뮈르달은 제네바의 유럽경제연합의 총비서로 일하고 있는 남편 곁에 딸들을 놓아두고 혼자 뉴욕으로 가서 일 년 동안 근무했다. 일 년 후 남편과 딸들과 함께 하기 위해 파리의 유네스코로 옮겨갈 때까지 말이다. 그 일을 두고 알바는 평생 양심의 가책을 느꼈다. 1977년 알바는 막내딸에게 보내는 편지에 이렇게 썼다. "너희들을 제네바에 내버려 두고 나 혼자 미국으로 간 것에 대해 너희들이 뭐라고 비난해도 할 말이 없구나. 하지만 나는 그것을 나의 이해와 너희들의 이해가 어긋난 것이라고 생각하지 않았다. 그것은 너희들 아버지와 나 사이의 갈등이었다. 나는 제네바에서 거의 질식할 것 같았다. 스톡홀름에서 쌓았던 모든 것을 잃어버렸었으니까.… 나의 발전은 비로소 그 시점에서 시작되었다. 마흔일곱 살의 나이에 말이다."

물론 그보다 20년 전쯤엔 부부 사이에 갈등 같은 것이 끼어들 틈이 없었다. 당시에는 알바에게 그렇게 매력적인 직위를 제안해 오는 곳도 없었으니까 말이다. 그러나 1930년부터 31년까지의 첫 번째 미국 체류는 부부에게 공동 연구 및 개인적 경력에 유리하게 작용했다. 낯설지만 새롭고 다양한 사회에서의 강력한 경험은 그들의 공동 연구를 공고히 해 주었다. 미국과의 대면은 그들로 하여금 스웨덴을 더욱 비판적인 시각에서 바라볼 수 있도록 해주었고, 그로써 《인구 문제의 위기》의 토대를 마련해 주었다.

[치러야 할 대가]

1936년 막내 딸 카이가 태어났을 때 알바 뮈르달은 파트타임 직이었지만 난생 처음 일자리를 얻게 되었다. 식구가 많은 가정에 맞는 거주 환경과 육아에 대한 논의를 다룬 논문을 인정받아 구하게 된 직장이었다. 그녀는 아이들을 종일 맡길 수 있는 주간탁아소를 설립하고 현대 교육 이론에 기초한 사회교육원을 설립하여 유치원 보모들을 양성했다.

1938년에서 1943년 사이 부부는 두번째로 미국에서 장기 체류를 했고 그 결과로 군나르는 《미국의 딜레마: 흑인 문제와 현대 민주주의》라는 책을 썼다. 그때는 세 아이들도 모두 데려갔다. 그리고 많은 연구 인력도 활용할 수 있었다. 그 중에는 어려운 통계 자료를 모은 랄프 분케도 끼어 있었다. 이 프로젝트는 카네기 재단이 재정 보조를 해준 것으로 그 재단은 군나르 뮈르달을 사회학 의장으로 선발했다. 그가 미국인이 아니어서 미국의 인종 문제를 객관적으로 바라볼 수 있다는 이유에서였다. 많은 공동 연구 인력과 함께 해야 했고, 《민족과 가족》(1941)이라는 책을 준비해야 했기에 알바는 남편과 전처럼 그렇게 긴밀하게 협동 연구를 할 수가 없었다. 그리하여 《미국의 딜레마》와 《민족과 가족》은 배우자의 이름없이 각자의 이름으로만 출간되었다. 물론 서로에 책에 대해 지적인 조언과 참여가 없지는 않았다.

알바는 남편의 책《미국의 딜레마》의 저술에 적극적으로 개입하지는 않았지만 미국의 인종 문제를 단지 아프리카계 미국인의 문제가 아니라, 오히려 미국 사회의 뿌리 깊은 인종주의에 대한 근본적인 문제로 보도록 하는 등 기본 인식 면에서 기여를 했다. 이런 시각은 알바 뮈르달이 그녀의 책《민족과 가족》에서 "여성 문제"를 논의했던 방식과 일맥 상통한다. 알바는 여성 문제 역시 여성들 자신만의 문제라기보다는 여성들을 남성들보다 열등하게 보는 가부장적인 사회가 문제라는 것을 지적했다.

부당한 사회질서의 핵심 범주로서의 인종과 성별 문제의 유사성은《미국의 딜레마》가 출판되고 나서 몇 십 년간 정치적인 화두가 되었다. 60년대의 여성 운동에 날개를 달아 주고 방향 제시를 해주었던 것은 50년대의 미국 민권 운동이었고, 30년대, 40년대의 뮈르달 부부의 선구적인 업적은 민권 운동과 여성 운동의 방향을 제시해 주었던 것이다.

우리는 군나르 뮈르달의 학문적, 정치적인 성공보다 그의 옆에 있었던 알바 뮈르달의 표본 역할에 좀더 주목해야 한다. 그녀는 20세기의 뭇 여성들과는 달리 가정과 직장과 사회 속에서 자신이 설파하는 평등의 개념에 따라 살려고 노력했다. 빛나는 승리의 배후에는 주변의 전통적인 성 역할에 대한 지난한 싸움이 있었다고 딸 카이는 진술한다. 아내는 오랜 세월 가정적인 의무에 구속되어 있었지만 남편은 거기로부터 자유로웠다. 알바는 가정과 직업을 함께 하기 위해 머리를 싸맸다. 그녀의 경험은 1956년 영국 여성 비올라 클라인과 함께 펴낸《여성의 이중 역할》이라는 책에 들어 있다. 그 책에는 처음으로 중견 사회학자의 시각으로 선진 4개국 에서의 직장 여성의 실태가 연구되었다. 알바 뮈르달은 그 논문에 서 모든 여성들이 자녀 양육을 넘어 자기 개발을 심각하게 생각해 야 한다고 썼다. 알바는 자신의 요구에 충실하게 머물렀다. 남편과 의 생애 전반에 공동 연구의 측면에서 보아도 말이다.

군나르와 알바가 함께 한 마지막 중요한 연구는 1976년의 《군축 협상: 미국과 소련의 군비 경쟁》이었다. 연구의 테마는 이성 적이고 평화적인 정책에 대한 강대국의 무관심이었다. 군나르 뮈 르달은 아내가 만든 텍스트를 읽고, 고치고, 자극을 주었다. 원고 가 출판사로 넘어간 날 74세의 알바는 첫번째 심근 경색을 일으켰 으며 그 이후 점점 쇠약해 갔다. 병원에서 그녀는 이렇게 적었다. "군나르가 없었다면 이 책은 나오지 못했을 것이다."

서로 얻는 것과 잃는 것

학자간의 결혼은 결코 겁쟁이나 소심한 사람들의 결합이 아니다. 여성 학자들이 결혼을 할까 말까 그토록 망설이는 것도 이유가 없는 게 아니니까. 마리 퀴리는 약혼을 한 후 친구 카치아에게 쓴 편지에서 피에르의 청혼을 받아들이기까지 일 년이나 질질 끌었다고 했다. 많은 여성 학자들에게 있어 기혼 여성으로서 살아간다는 것은 쉬운 일이 아니다. 노벨상을 수상한 마리아 괴퍼트-마이어는 "여자가 물리학자가 되는 것은 힘들다. 그러나 기혼 여성으로서 물리학자가 되는 것은 거의 불가능하다"고 탄식했다. 결혼은 무엇보다 여성을 전통적인 역할에 매이게 함으로써 연구자로서의 야망과 갈등을 겪게 만든다.

학자 부부의 경우 다른 부부들보다 결혼 생활에 대한 양쪽의 협력이 더욱 절실하다. 그리고 그에 있어 이제까지는 여성이 양보한 경우가 많았던 게 사실이다. 몇몇 여성들은 학문을 완전히 포기하기도 했다. 그리고 어떤 여성들은 남편의 필요에 따라 이사하고, 남편이 활동하는 곳에 머물면서 학자로서의 역할보다는 아내와 엄마의 역할에 만족해야 하기도 했다. 그렇지 않고 자신의 커리어를 추구하는 경우 아이들의 양육을 제3자에게 맡겼다는 이유로 일생 동안 양심의 가책을 받아야 했다. 물론 수학자 타타냐 에렌페스트 같은 경우는 처음부터 제3자들로 하여금 네 아이들의 교육을 맡게 하면서 양심의 가책 같은 것은 느끼지 않았다. 자신도 어린 시절에 러시아에서 그렇게 자랐기 때문이었다.

알바 뮈르달의 자녀들은 학자 부모를 둔 아이들의 삶이 얼마나 힘들 수 있는가 하는 것을 보여준다. 귀제페 베라티, 피에르 퀴리, 칼 코리 같은 소수의, 특별히 융통성있는 남편들은 최소한 일시적으로는 자신의 연구와 직업적인 여정을 아내들의 필요와 소망에 맞추기도 했다. 토머스 론즈데일은 심지어 일찌감치 자신의 야망을 포기하고 전적으로 아내를 돕기도 했다. 그러나 일반적인 경우는 그렇지 않았다. 알바와 군나르 뮈르달의 경우에도 오랫동안 당연하게 남편의 경력이 아내의 경력을 앞질렀다. 알바 뮈르달이 자신의 힘으로 일어서서 남편과 딸들을 내버려 두고 UN의 매력적인 자리를 받아들일 때까지 말이다. 그리고 그로부터 10년 후 그녀가 인도 대사로 가게 되었을 때는 남편이 아내를 따라가게 되었다.

과거의 여성들은 결혼해서 직업적인 활동을 한다는 것만으로도 늘 시대의 성 차별적인 바리케이드를 느끼면서 살아야 했다. 남편들이 대가를 치루어야 했던 경우도 있었다. 가령 프레데리크 졸리오의 경우 결혼으로 프랑스의 라듐연구소의 핵심부로 들어가게 되었으나 그로써 그 분야에서 자신의 재능을 입증해야 하며 장모의 기대를 만족시켜야 한다는 강한 부담을 안게 되었다. 라이벌 의식으로 괴로워했던 남성들도 있었다. 야콥 라이스케와 마거릿 미드의 두번째 남편 레오 포춘은 유능한 아내 때문에 괴로웠다. 그러나 대부분의 남편들은 그와 반대되는 문제로 고민했다. 아내와의 협동 연구로 인해 자신의 특권에 손해를 보지는 않을까 남몰래 두려워했던 것이다. 그래서 공동 연구 발표를 남편의 이름으로만 했던 경우도 있었다. 그러나 피에르 퀴리와 파울 에렌페스트의 경우는 공동 연구에 대한 아내의 몫을 널리 인정하고 성공을 나누고자 노력했다.

몇몇 사회학자들의 결합은 특히 바람직한 것으로 증명되었다. 서로의 사회 정치적 활동으로부터 유익을 얻을 수 있기 때문이었다. 그러나 이런 결합은 자연과학자들의 결혼이 훨씬 더 힘든 부분도 있었다. 자연과학자들이 그들의 관심사와 능력을 되도록 눈에 띄지 않게 통합한 결과를 가지고 말한다면, 공공연하게 활동하는 사회학자들은 늘 관심의 대상이 되고, 그들의 이론의 설득력은 그들이 몸소 행하는 실천적인 행동으로 평가를 받으니까 말이다.

뮈르달 부부뿐 아니라 마거릿 미드와 그레고리 베이트슨도 공적인 삶과 사적인 삶 사이의 이런 모순을 겪었다. 두 부부는 1920년과 1950년 사이, 30년 동안에 결정적인 연구를 했다. 당시는 세계 전체가 굉장한 사회 변혁기였다. 그래서 두 부부의 공적인 활동은 동시대인들과 후대인들에게 지대한 사회적 영향을 끼쳤다. 그들 두 사람이 이상적인 부부인가 하는 것은 중요하지 않았다. 지적인 창조성과 사회 정치적인 영향력을 특별한 결혼과 결합시키려는 그들의 지난한 노력이 세간의 관심을 주목시켰다.

그럼에도 불구하고 그것을 따라 하는 학자 커플들은 그리 많지 않았다. 1970년대까지 여자는 훌륭한 학자가 될 수 없을 뿐더러, 가정과 학문을 조화시킨다는 것은 너무나도 힘들다는 선입견이 지배적이었다. 여성 학자, 더더구나 기혼 여성 학자들에게는 실질적인 역할 모델이 부족했다.

오늘날 성차별이 완전히 사라지지는 않았지만 그럼에도 불구하고 원칙적으로 권리와 의무에 있어서의 남녀 평등이 강조되고 있다. 그것은 페미니스트들로 하여금 학계의 여성들과 그들의 삶의 양식에 대한 대화를 시작하게 했다. 실지로 오늘날 학문의 길을 걷는 여성 중 결혼을 포기하는 사람들은 점점 줄어들고 있다. 최근 미국의 연구 보고에 의하면 결혼해서 아이를 낳는 것이 여성 학자들의 학문적 생산성에 부정적인 역할을 끼치지 않는다고 한다. 한술 더 떠 학자끼리의 결혼하는 것은 논문 발표 의욕을 북돋우는 것 같아 보인다. 학자 남편을 둔 여성들이 다른 직업을 가진 남편과 결혼한 동료들에 비해 더 많은 저작물들을 내고 있는 것이다.

하지만 오늘날 여자가 결혼해서 학문을 계속한다는 것이 그리 특별해 보이지 않는다 할지라도 문제가 모두 해결된 것은 아니다. 칼 코리와 공동 연구를 했으며, 스스로도 동료 학자와 결혼한 미국의 유전학자 살로메 뷜시는 "남편 중—그들이 아무리 동료 학자라 할지라도—아내가 실험실에서 밤을 지새는 것을 기꺼이 이해해 줄 수 있는 남편은 극히 드물다"고 말했었다. 남성의 경우 동료 학자와 결혼하기 보다는 학문과 전혀 상관없는 여성과 결혼하는 것이 더 편하고 간단하다는 것은 의문의 여지가 없는 일이다.

역사적, 사회적, 전기적 저작들은 퀴리 부부의 금욕적인 생활 스타일—그후의 다른 학자 부부들도 약간 나은 편이었다고는 하지만 별다르지 않았다—을 학자 부부의 성공을 위한 왕도처럼 묘사했다. 물론 기혼 여성이 결혼 생활과 학문을 병행하려면 극도로 노력해야 하고 시간을 철저히 활용해야 한다는 것은 말할 나위가 없을 것이다. 다른 의무들이나 활동에 쏟는 시간을 줄이고, 단지 학문과 남편과 아이들에게만 집중해야 할 것이라는 것말이다.

1964년 노벨 화학상을 받았던 영국 화학자 도로시 호지킨은 역사학자와 결혼해 세 아이를 키웠다. 그녀는 나중에 자신이 학문과 가정을 그래도 무리 없이 조화시킬 수 있었던 것은 자신의 힘을 꼭 필요한 곳에 집중했기 때문이라고 했다. "나는 여성이 자연과학을 하려면 될 수 있는 한 자잘한 집안일보다는 아이들에게 집중해야 한다고 생각합니다. 가사일은 도움을 줄 수 있는 인력에게 맡겨서 그 시간에 학문과 아이들에게 더 시간을 쏟는 것이지요. 나는 다행히 그렇게 할 수 있었습니다." 마리 퀴리 역시 성공에의 대가를 불평 없이 치러냈다.

신세대의 여성 학자들은 그들이 학문과 가정을 병행하기 위해 개인적으로 가족적으로 어떤 대가를 치러야 하는지 묻고 있다. 여느 직장 여성들과 마찬가지로 그들은 가정과 커리어를 조화시키는 법을 실험하고 있다. 많은 여성들은 이렌 졸리오-퀴리나 게르티 코리의 방법을 옹호한다. 우선 어느 정도 학문적 커리어를 쌓은 다음 자녀를 출산하는 방법이다. 그리고 어떤 여성들은 두 가지를 동시에 추구한다. 그리고 또 다른 여성들은 아이를 키우는 기간에는 모든 것을 포기했다가, 아이를 키워놓고 시작하고자 한다. 아무튼 어떻게 하든지 혼자서 해내야 한다는 것은 명백하다. 여성이 직업을 갖고 있다고 친척들이 육아를 맡아 주는 시기는 지나갔기 때문이다. 그리고 전문적 도움을 받는 것은 비용이 많이 든다.

그러나 가정적인 이유로 직업적인 커리어를 중단하거나 늦추는 것은 여전히 위험한 전략처럼 보인다. 물론 보잘것없는 시간제 근무나 교대 근무 같은 제도적인 도움이 있긴 하지만 미비하고, 아이들 때문에 직업적으로 손해를 보는 것은 대부분은 여성이며, 그만두었다가 다시 시작하는 것은 여전히 쉽지 않다.

과거와는 달리 오늘날 공부하는 여성들은 그래도 경제적으로 독립할 수 있는 여건—아직도 남성에 비해 상대적으로 보수가 낮지만—이 갖추어져 있다. 대학에 몸담는 여성의 수는 더 많아졌으며 대학은 그들의 업적과 성공에 따라 보수를 주고 있다.

그러나 아직도 여성들이 보수가 높은 대학이나 연구소로 자유롭게 옮길 수 있는 가능성은 "가정" 때문에 전적으로 제한되어 있다. 과거 기혼 여성학자들이 직업적으로 차별대우를 받는 것과 남편을 따라 이리저리 옮겨다녀야 하는 것으로 괴로워했다면 오늘날의 여성들은 무엇보다 가정 때문에 자리를 옮겨다닐 수 없는 것에 대해 탄식하고 있다. 물론 그 동안 여성들의 연구 여건이 좋아진 것은 사실이다. 그러나 그들 대부분은 여전히 자신의 커리어를 남편의 커리어에 맞추고 있다. 반대의 경우는 드물다. 여성들은 남편의 직장이 있는 곳에 머물러야 한다. 어떤 사람들은 뮈르달 부부처럼 주말 부부 생활을 감행한다. 그러나 많은 사람들은 그럴 경우에 따르는 감정적인 위험과 불편함의 대가를 두려워한다.

대학과 연구 기관은 오늘날 부부에게 알맞는 고용 형태를 찾기 위해 고심 중이다. 그러나 오늘날에도 같은 대학에 부부 둘 다 고용되는 사례는 거의 없다. 미국의 시라큐스 대학은 최근 이런 일을 감행하여 플로렌스의 외국 연구소 소장을 임명하면서 건축사가 커플인 마이애미 대학의 앨릭 맥린과 프린스턴 대학의 바바라 다임링을 연구소장직으로 함께 이태리로 불러들였다. 명문화되어 있는 원칙은 아니지만 친족 등용 금지 원칙을 깨뜨린 것이다. 미국에서는 1930년대에 친족 등용 금지 원칙을 명문화해 달라는 물결이 일어났었다. 이유는 남성은 "단독 부양자"로서 일자리를 계속 확보해야 한다는 것이었다. 그러나 오늘날 같은 분야에서 부부를 동시에 고용하지 않으려고 하는 데에는 또 다른 이유가 있다. 무엇보다 한 부부가 강력한 영향력을 행사하는 것에 대해서 나머지 사람들이 두려워하는 것이다.

그렇다고 정식으로 결혼하지 않고 동거하면서 책상과 침대와 실험실을 공유하는 방법 역시 문제를 해결해 주지는 않는다. 결혼을 했건 안 했건, 원하건 원치 않건 사람들에게 둘은 서로 연결되어 비칠 수밖에 없으니까 말이다. 최근에 일어난 울름의 암 전문가인 프리트헬름 헤르만의 기상천외한 사건은 그것을 단적으로 보여 준다. 프리트헬름은 동료이자 동거녀인 마리온 브라하와 더불어 한 연구에서의 사기죄로 고소되었고 면직 처분을 받았다. 베를린과 뤼벡과 울름의 조사 위원회는 그 커플이 몇 십 건에 달하는 연구 보고를 위조하거나 다른 저자의 것을 표절했고, 거짓 실험을 하고 도표를 위조하고 자료를 조작했으며 상당한 연구비를 유용했다고 발표했다.

뤼벡의 분자생물학 교수였던 마리온 브라하는 위조는 프리트헬름이 했으며 자신은 상관없다고 주장했다. 그러나 그에 반해 헤르만의 변호사는 마리온 브라하가 위조의 책임이 있으며 자신의 의뢰인은 그것을 알지도 못했다고 주장하고 있다. 여기서 만인에게 공개된 더러운 실험 가운은 학자 커플의 천재적 관계의 어두운 면을 드러내 준다. 학자 커플들이 정말 순수하게 연구를 목적으로 뭉치지 않았을 때 그 쓰디쓴 종말이 어떠한가 하는 것을.

그래도 뭉치면 강하다

학자 부부들에게 공동 연구의 성공 여부는 결혼 생활 기간과는 무관했다. 이다 타케와 발터 노다크는 필생의 과업이었던 화학 원소 레늄을 발견하고서야 비로소 결혼했고, 퀴리 부부는 함께 동고동락하며 연구한 기간이 12년밖에 되지 않는데도 시대를 초월하여 가장 유명한 학자 부부가 되었다. 그에 반해 칼 코리 부부는 30년 이상 공동 연구를 하고 나서야 스톡홀름에 입성할 수 있었다.

어떤 부부들에게는 연구와 사생활이 거의 구분이 되지 않았다. 에렌페스트 부부는 꼬박 10년 정도를 재야 학자로 있으면서 거의 집에서 연구를 했다. 그리고 남편 파울 에렌페스트가 레이덴 대학 교수가 된 후에도 학생들을 집으로 불러모아 자신의 연구실 겸 거실에서 학술적인 대화를 계속했다. 퀴리 부부의 경우는 그와 반대였다. 퀴리 부부에게는 실험실이 곧 집과 다름없었고, 연구를 통해 얻어진 열매는 자식이나 마찬가지였다. 뮈르달 부부, 마거릿 미드와 그레고리 베이트슨은 자신의 자녀들을 학문적 연구 대상으로 삼기도 했다. 그러나 가장 특별한 케이스는 론즈데일 부부의 경우다. 둘 다 물리학자로서 일평생 같은 분야에서 활동하면서도 공동 저술은 말할 것도 없고, 공동으로 학술 프로젝트 한번 진행한 적이 없으니 말이다. 그럼에도 불구하고 그들은 43년간 정신적으로, 학문적으로 긴밀하게 연결되어 있었다.

부부 사이의 권력 구조도 부부마다 다르다. 노벨상 수상 부부들과 뮈르달 부부처럼 상대적으로 최근의 부부들은 결혼 생활에 있어서도 평등을 추구했다. 그러나 선구자 그룹에 속하는 18세기 커플들은 관계의 불균형이 두 종류로 나타난다. 하나는 남편이 아내를 가르치는 입장에서 관계를 주도하고, 아내는 남편이 죽기까지 한 번도 남편의 그림자에서 벗어나지 못했던 경우가 그것이다. 라이스케 부부나 키르히 부부가 그런 케이스였다. 또 하나의 불균형은 라우라 바시처럼 아내가 애초부터 저명인사로 유명세를 타고 있는 상태에서 남편은 부록처럼 아내에게 딸려 있는 경우였다.

또 결혼이 여성에게는 학문적인 종지부가 되어 처음에는 평등한 관계였지만 세월이 갈수록 남편과의 불균형이 심화된 경우도 몇 있었다. 에렌페스트 부부의 경우 남편이 레이덴의 교수직에 오르고부터 타타냐는 점점 더 교수 부인이라는 고전적인 역할에 충실해야 했고, 졸리오-퀴리 부부의 경우도 결혼 초에는 이렌이 주도적인 선배 입장이었지만 나중에는 빛나는 남편의 그늘에서 오히려 전통적인 아내로 변했다. 그러나 론즈데일 부부처럼 반대로 오랫동안 가족을 부양하던 남편 토머스가 능력있는 아내를 학문적, 정치적으로 밀어 주기 위해 일찌감치 사회활동을 접은 드문 케이스도 있었다.

이 책은 다섯 부분으로 나누어진다. 물론 이런 구분은 다분히 임의적인 것이다. 1장은 17, 18세기, 공동 연구의 장을 열었던 개척자 부부들을 다루었고, 2장에서는 집중적인 공동 연구 작업으로

경이로운 결과들을 거두었을 뿐 아니라 그로 인해 함께 노벨상을 수상했던 유명한 부부들을 살펴보았다. 3장에서는 두 부부를 통해 학자들간 결혼의 그늘진 면을 단적으로 보여줄 것인데, 그들은 주어진 공동 연구의 기회를 선용하지 못했을 뿐 아니라 사적으로도 파경을 맞아야 했던 사람들이다. 다음 4장에 이어지는 세 부부는 명예의 최고봉에 오르지는 못했지만, 오랫동안 성공적으로, 그리고 열정적으로 연구를 계속했던 사람들이다. 마지막 5장에서 살펴본 두 쌍의 부부는 사생활을 학문적 야망과 연결시켜 각자 전공의 한계를 극복했다는 점에서 특히 흥미롭다.

이 책에 나오는 13쌍의 이야기는 학자 부부에게 있어 친밀성과 창조성, 도움과 장애, 평등과 종속, 인정과 무시가 어떻게 교차하는지 보여주고 있다. 많은 공통점이 있을지라도 일차원적인 답은 나올 수 없다. 학자 부부들이 살아가는 모습은 너무 다양하며, 갈등 해결 방식과 성공 전략도 한 마디로 단정할 수는 없다. 부부 사이에 나타나는 불균형적인 모습 또한 나름의 역사적, 사회적, 심리적, 상황적인 이유들을 갖는다. 각각의 부부 이야기는 둘의 관계가 결코 정형화된 구조물이 아니라 시간적인 변화에 종속된다는 것을 보여줄 뿐이다.

마리 & 피에르 퀴리, 그들의 딸과 사위인 이렌 & 프레데리크 졸리오-퀴리, 게르티 & 칼 코리는 개인이 아닌, 부부 공동으로 노벨상을 수상한 커플들이다. 이다 & 발터 노다크는 노벨상을 받지는 못했지만 다섯 번이나 노벨상 후보에 올랐던 커플이다. 이런 커플들의 모습은 비슷한 점이 많다. 무엇보다 각각의 배우자가 결혼할 즈음 학문적으로 대등한 자격을 갖추고 있었다는 점! 피에르 퀴리는 아내보다 무려 여덟 살이나 연상이었고 마리와 만날 무렵 이미 인정받는 학자였지만, 결혼을 몇 달 앞두고서야 박사학위를 받았다. 퀴리 부부의 딸 이렌의 경우에는 반대로 이렌이 첫번째 노벨상 수상 부부의 딸이자 유명한 어머니 마리 퀴리의 제자로서 1926년 결혼할 즈음 3년 연하였던 남편 프레데리크보다 학계에서 훨씬 인정받는 위치에 있었다. 그러나 두 사람은 결혼 2년 전 마리 퀴리의 파리 라듐연구소에서 조교로 만나 이미 함께 연구하기 시작했던 커플이었다. 또한 1920년에 결혼한 게르티 라드니츠와 칼 코리는 의대 동기 동창이었다. 그들은 함께 배우고 공부했으며, 졸업 전부터 공동 연구를 시작했었다. 이다 타케와 발터 노다크 역시 결혼하기 훨씬 전부터 함께 연구하고 책을 썼다. 뮈르달 부부도 알바가 김나지움 학생이고 군나르가 막 대학에 입학했을 때 만나 출발점을 함께 했다. 캐슬린과 토머스 론즈데일은 런던 유니버시티 칼리지 물리학과 고학년이었을 때 이미 보잘것없는 그들만의 공동 연구실을 마련했다.

또 한 가지 노벨상 수상 부부들에게 특별한 점은 학문적 출발뿐 아니라 아내의 학문적 독립성도 역시 대등했다는 점이다. 마리 퀴리와 그의 딸 이렌은 남편과 공동 연구를 시작하기 전부터 발표까지 그리 멀지 않은, 독자적인 프로젝트를 가지고 있었다. 또한 코리 부부도 의학도였을 때 이미 공동의 저서를 냈으며, 본격적인 공동 연구에 들어가기 전까지 오랫동안 각자 독립적으로 일했다. 이다 타케 역시 발터 노다크와 결혼하기 전부터 이미 산업 연구 분야에서 정평이 나있던 여성이었다. 독립적 연구와 독자적인 저술은 노벨상 부부의 아내들로 하여금 공동 연구와 업적이 남편 것으로만 돌려지는 불이익을 당하지 않도록 보호막이 되어 주었다. 그리고 함께 한 연구는 그만큼 두 배우자의 학문적인 명성을 드높여 주었다.

이 노벨상 수상 부부들은 모두 애초부터 결혼을 통한 공동 연구에 찬성하는 입장이었다. 왜냐하면 배우자 중 한 사람은 이미 결혼 전부터 가족간의 학문적 협력을 익히 경험한 바 있는 사람들이었기 때문이다. 피에르 퀴리는 젊은 시절 아버지와 함께, 그 다음 형과 함께, 그리고 결혼 후에는 아내인 마리 퀴리와 함께 연구했다. 그의 딸 이렌 역시 어렸을 때부터 엄마와 함께 연구했다. 그들의 사위인 프레데리크 졸리오는 학창시절부터 퀴리 부부를 학문적인 대부모로 여겼다. 그는 임시로 쓰던 실험실 벽에 잡지에서 오린 퀴리 부부의 사진을 붙여놓고 살았으며, 결혼할 때에도 자신의 원래 성에 유명한 아내의 성을 붙여 졸리오에서 졸리오-퀴리가 되었다. 칼 코리 역시 어려서부터 팀워크에 익숙해 있었다. 어린 시절

트리에스테의 해군 생물학자였던 아버지의 보트 조사 여행에 동행하곤 했던 것이다.

그러므로 대등한 학문적 자질뿐 아니라 배우자와의 공동 연구에 대한 개방된 시각, 그리고 상호보완적인 성격 등은 학문 공동체로서의 하모니를 이루며 노벨상 수상 부부들에게 유리하게 작용했음이 틀림없다. 퀴리 부부는 자신들의 성공을 그들의 서로 다른 성격과 작업 방식, 그리고 물리학과 화학을 조화롭게 연결시킬 수 있었던 덕분이라고 말했다. 피에르는 느린 호흡으로 학문적 문제에 접근하면서 경쟁을 싫어하고 우선권을 확보하는 데에 별 관심이 없었던 반면, 마리는 생각을 당장 실행에 옮겨야 하는 성격이었고 대담한 가설을 그대로 발표해 버리는 타입이었다. 반대로 졸리오-퀴리 부부는 남편이 급하고 아내가 느긋한 타입이었는데, 이렌이 학문적인 스타일에서 아버지를 닮았다면 프레데리크 졸리오는 장모를 닮았다. 그런 특성들은 퀴리 부부의 경우와 마찬가지로 탁월한 조화를 이루었다. 게르티와 칼 코리의 경우도 서로를 완벽하게 보완했다. 칼 코리는 그와 게르티의 학문은 "상호보완적이며", 만약 따로따로였다면 둘이 해낸 것만큼의 업적을 이루지 못했을 것이라고 말했다.

노벨상 수상 부부의 경우 배우자와의 학문적인 파트너십은 위기의 시기에도 저력을 발휘했다. 퀴리 부부는 서로 도와 그들이

"반자연적인 길"이라 불렀던 연구를 고집스럽게 추구했고 자신들의 시간을 오로지 학문과 가족을 위해 투자했다. 이렌 졸리오-퀴리는 노벨상 수상 후, 제2차대전의 혼란 가운데 프레데리크가 레지스탕스로 활약하고 있을 때 흔들림 없이 아이들을 잘 키워냈다. 코리 부부는 게르티의 경력과 협동 연구에 대한 기여도가 문제시되자 부단한 공동의 노력으로 장애물을 극복했다.

노벨상 수상 부부들도 한 가지 점에서는 뚜렷한 차이를 보이는데, 그것은 공동 연구 기간이다. 퀴리 부부의 경우 남편이 일찍 교통사고로 세상을 떠나는 바람에 공동 연구 기간은 4~5년밖에 되지 않았다. 졸리오-퀴리 부부의 경우도 그 기간은 엄밀히 말해 퀴리 부부보다 더 길지 않았다. 물론 일생동안 학문적으로 계속 유대 관계를 유지하기는 했지만 노벨상 수상 후에는 각자 다른 직업적인 여정을 밟았으니까 말이다. 그에 반해 코리 부부는 게르티가 세상을 떠날 때까지 40년간이나 연구를 함께 했다. 그리고 아내가 세상을 떠나자 칼 코리는 또 한 명의 공동 연구 파트너를 찾았는데, 그녀는 뉴욕의 유전학자 살로메 글릭존-벨시였다. 글릭존-벨시와 코리는 그 후 20년간 공동 연구를 했다. 아마도 아내 게르티와의 성공적인 공동 연구 경험이 칼 코리로 하여금 다시금 공동 연구 파트너를 찾게 했을 것이다. 그러나 이번에는 연구 파트너가 곧 삶의 파트너였던 것은 아니었다. 홀아비가 된 코리의 재혼 상대는 학문과는 무관한 그저 개인적인 관심사만 나눌 수 있는 여성이었으니까 말이다. 물론 칼 코리는 그녀에게도 죽을 때까지 충실한 남편이 되어 주었다.

3장에 나오는 두 부부는 천국에서 결혼 생활을 시작하여 지옥에서 끝낸 사람들이다. 밀레바 마리치와 알베르트 아인슈타인, 그리고 클라라 임머바르와 프리츠 하버는 사적으로, 학문적으로 행복한 공생 관계를 이룰 모든 여건을 갖추고 있었다. 그러나 이런 좋은 조건도 별 소용없이 결혼 생활은 파경에 이르러 아내들의 삶은 고통 속에서 끝나야 했다. 물론 거기에는 여러 가지 원인이 있었다. 아인슈타인 부부의 경우는 대학생 시절의 지적인 파트너십이 결혼 10년 후 파경을 맞을 때는 완전히 고갈된 상태였다. 일부에서 주장하는 것처럼 밀레바 마리치가 아인슈타인의 유명한 이론 물리학 논문에 어떤 식으로든 기여를 했다는 증거는 없다. 반대로 밀레바가 취리히 공대의 졸업 시험에 두 번이나 떨어지면서 물리학에 대한 흥미와 관심을 잃어버렸다는 견해가 유력하다. 혼전에 낳은 딸과 결혼 후 낳은 두 아들은 그녀의 힘을 소진시켰을 것이고, 학문에 대한 열정은 더 이상 남아있지 못했다. 아인슈타인도 밀레바가 주부로서의 역할에 머무는 것을 전적으로 반겼던 것처럼 보인다.

클라라 임머바르도 밀레바 마리치와 마찬가지로 안타까웠던 케이스로 기억된다. 그녀는 당시 박사학위를 소지한 몇 안 되는 여성 화학자 중 한 명이었다. 그녀는 동료인 프리츠 하버와 결혼했지만 공동 연구를 위한 절호의 기회는 수포로 돌아가고 만다. 병약한 아들, 아내로서의 의무, 야심차게 커리어를 밀고 나가는 남편에 대한 배려 등이 그녀의 힘을 소진시켰다. 말하자면 그렇다는 이야기다. 임머바르의 결혼 생활은 독가스를 개발하는 남편과의 갈등으로 인해 깨어졌고, 점점 회복 불가능한 상태로 나아갔다.

4장에는 인류 역사에 길이 남을 학문적 업적을 이루지는 못했을지라도 서로 아름다운 학문적 협력을 보여주었던 학자 부부들을 묶어 놓았다. 그들의 공동 연구 방식은 최소한 일시적으로는 노벨상 수상 커플들과 닮아 있다. 무엇보다 타타냐와 파울 에렌페스트가 결혼 초기에 보여준 효율적이고 평등한 학문적 협력은 높이 살 만하다. 그들이 수학 백과사전에 기고한 통계역학에 대한 공동 논문은 두 사람을 유명하게 만들었고, 파울 에렌페스트는 그 덕분에 일약 레이덴의 교수직에 올랐다. 그러나 세월이 지나면서 타타냐는 남편의 학문적 관심사에 필적하지 못했다. 네 아이, 무엇보다 장애를 가진 막내 아들이 어머니의 에너지를 고갈시켰던 것 같다. 노다크 부부의 경우에도 아내는 이렇다 할 만한 사회적인 지위에 오르지는 못했지만 매우 유능하고 억척스러웠다. 자녀가 없었던 이들 부부는 38년간이나 그치지 않는 열정으로 모든 어려움을 딛고 연구에 매진했다.

256

론즈데일 부부는 남편이 아내를 뒷받침하기 위해 일찌감치 자신의 활동을 포기했던 매우 드문 케이스다. 결혼 초부터 토머스 론즈데일은 물리학자로서 생계를 책임졌고, 덕분에 캐슬린은 빈약한 장학금으로 연구를 계속할 수 있었으며, 마침내 40대 후반에 런던 유니버시티 칼리지의 결정학 교수가 될 수 있었다. 그러자 그로부터 10년 후 토머스 론즈데일은 자신의 직업적인 여정을 일찌감치 마감해 버렸다. 아내의 사회 활동을 위해 문서 수발을 해 주고, 국제 결정학 연합의 첫 여성 대표가 된 아내 캐슬린을 뒷바라지하기 위해서 말이다.

마거릿 미드와 그레고리 베이트슨은 결혼 초기에는 생산적인 공동 연구를 진행했지만 그 이후 곧 파경에 이른 부부다. 그들이 처음 만난 것은 1932년이었다. 당시 유명세를 떨치던 미국의 인류학자였던 마거릿 미드는 1932년 뉴기니에서의 현장 연구 중 베이트슨을 알게 되었고, 2차 대전이 발발할 즈음 인류학 연구를 위해 발리로 떠나면서 결혼했다. 둘은 현장 연구라는 고립된 조건 속에서 그들이 대변했던 다양한 인류학적 견해들을 연구했고, 《발리인의 특성》이라는 공동 저작물을 내었다. 그러나 "현장" 결혼은 다른 장소로 옮겨지지 못했다. 제2차대전 때 이미 마거릿 미드와 그레고리 베이트슨은 별거를 시작했으며 1950년 이혼했다.

알바와 군나르 뮈르달도 공동 연구를 통해 전공의 한계를 초

월했다. 그들은 서로 다른 시각을 조화시켜 《인구 문제의 위기》라는 공동 저서를 내었다. 알바는 사회학과 심리학적인 입장에서, 군나르는 경제학적인 입장에서 말이다. 부부는 그 책에 그들의 결혼 생활을 통해 얻은 경험들을 반영할 수 있었다.

이 책에서 다룬 대부분의 학자 부부들은 결혼과 가정에 대한 전통적인 도식에 얽매여 있지 않았고, 공동 생활과 자녀 양육에서 새로운 생각들을 실험하기도 했다. 이처럼 새로운 생각에 대해 개방적인 입장을 취하기가 쉬웠던 것은 그들 대부분이 사회적으로 주변부에 위치한 사람들이었기 때문이었는지도 모른다. 그들 중 대다수가 이민자 출신이거나 아니면 상이한 민족 배경을 갖고 있었다. 종교적인 속박을 가지고 있는 경우는 드물었고 대신 자유사상, 자유주의에 애착을 갖고 있었다. 이 모든 것은 사회적으로 비순응주의를 가능하게 했고 혁신적인 삶에 대한 용기를 갖게 했다.

무엇보다 그들의 교양과 교육, 그리고 공동의 지적인 관심이 학자 부부들을 뭉치게 만들었다. 19세기 말 유럽에서는 여성에게도 대학 문이 열리자 많은 대학생 부부들이 생겨났다. 학자를 꿈꾸는 몇몇 여성들은 학업에 대한 소망을 실현하기 위해 멀리까지 유학하는 것도 서슴지 않았고, 아니면 있는 자리에서 자기 분야의 여성 파이오니어가 되기도 했다.

남편들과는 대조적으로 학업을 통해 교수직에 오른 여성은 이 책에 서술한 여성의 반수도 되지 않는다. 친족 등용 금지 원칙과 이데올로기의 장벽이 여성의 커리어에 지속적으로 장애물이 되었다. 선구자 부부, 그리고 노벨상 수상 부부뿐 아니라 타타냐 에렌페스트와 이다 노다크의 경우도 여성들의 학문적 업적을 직업적인 지위로 측정하고자 하는 것이 얼마나 부질없는 일인지를 보여준다. 이 책에 실린 어떤 여성도, 제 아무리 노벨상을 수상한 여성이었다 해도 물론 이렌 졸리오-퀴리는 어머니의 예방 조처 덕분에 좀 예외였지만 학계의 성 차별 풍토에서 완전히 자유로웠던 사람은 아무도 없었다. 대등한 교육을 받고 동등한 학문적 재능을 지닌 부부들의 전기에서 그 사실은 계속 증명되고 있다.

마리 퀴리는 피에르가 죽고 나서야 비로소 교수로 지명되었고 이것조차 어려움이 없지 않았다. 물론 그의 딸 이렌 졸리오-퀴리는 노벨상을 수상한 후 처음에는 아버지가, 그 다음 어머니가 몸담았던 바로 그 교수직에 발탁되었고, 사위 프레데리크는 콜라주드 프랑스 교수직에 지명되어 영향력있는 위치에서 연구소 세 개를 건립할 수 있었다. 그러나 게르티 코리는 오랫동안 그녀의 능력과는 어울리지 않는 자리에 고용되어 있다가 51세가 되어서야 생화학 교수직에 오를 수 있었다. 물론 교수직에 오르기 전까지 가르칠 의무나 행정적인 과제도 없었기 때문에—캐슬린 론즈데일과 비슷하게—오랫동안 학문 연구에만 전념할 수 있었던 이점도 있었다. 그러나 남편 혼자 생계를 책임지는 상황은 그들로 하여금 다른

여성학자들과 마찬가지로 지역적, 경제적으로 종속된 위치에 있게
끔 했다. 단지 타타냐 에렌페스트만이 남편이 교수직을 얻지 못한
10년간 그런 속박에서 자유로울 수 있었다. 자신이 물려받은 유산
으로 생계를 유지하며 자신의 고향인 상트페테르부르크를 가족의
거주지로 결정할 수 있었기 때문이었다. 마거릿 미드는 이 책에 소
개되는 여성학자 중 유일하게 남편의 직업적 지위에 종속되는 것
이 무엇인지 전혀 몰랐했던 소위 "잘 나가는" 여성이었다. 그녀는
세 번이나 결혼했지만 그와는 상관없이 자신의 커리어를 흔들림
없이 쌓아나간 인물이다. 알바 뮈르달도 최소한 중년 이후에는 자
신의 직업적 커리어를 추구하며 남편과 떨어져 사는 것도 개의치
않았다. 물론 가정은 그로 인해 거의 깨어질 지경이었지만 말이다.

여기에서 논의되는 열세 명의 여성학자 중 끝내 대학 정교수
가 된 사람은 다섯 명이다. 라우라 바시, 마리 퀴리, 이렌 졸리오-
퀴리, 게르티 코리, 캐슬린 론즈데일. 그 중 이렌 졸리오-퀴리만이
별 장애 없이 남편과 동등한 속도로 커리어를 쌓아나갈 수 있었다.

노벨상 수상 외에 역사적 사건과 민족적 특수성이 여성학자
의 학문적 성공에 유리하게 작용하기도 했다. 제2차 세계대전은
대학에 몸담고 있는 여성들에게 새로운 교수가 될 기회나 연구 가
능성을 열어주었고, 캐슬린 론즈데일이 그로부터 이득을 보았다.
그리고 대대로 대물림되는 학자 집안에 대한 프랑스인들의 특별한

애정은 퀴리 부부와 졸리오-퀴리 부부에게 유리하게 작용했다. 국제조직 차원에서 다민족적 협동 연구를 후원해 주었던 것도 알바 뮈르달 등의 학자에게 기회가 되었다. 마리 퀴리와 캐슬린 론즈데일은 남성들과 그리 심한 경쟁을 하지 않아도 되거나, 오히려 여성들에게 유리한 미개척 영역을 연구의 장으로 삼았다. 그것은 사회학자 알바 뮈르달과 인류학자 마거릿 미드도 마찬가지였다.

조금 다른 이야기긴 하지만 마리 퀴리가 교수직에 오를 수 있었던 것은 그 교수직을 맡고 있던 남편 피에르 퀴리의 비극적인 죽음 덕분이기도 했다. 또한 캐슬린 론즈데일의 경우 특별히 헌신적인 남편과 학문적 후원자인 윌리엄 브래그 경의 공로를 인정하지 않을 수 없다. 또한 다른 학자 부부들에게 있어서도 제삼자가 여성의 학문적 성공에 기여했던 것을 볼 수 있는데, 특히 사적인 영역에서 더욱 그러했다. 가령 시아버지 외젠 퀴리의 강력한 도움이 없었다면 마리 퀴리는 남편이 죽은 후 혼자서 아이들을 책임지는 고달픈 삶을 떠안아야 했을 것이다. 물론 그 반대의 경우도 있다. 비유태계 며느리 밀레바 마리치에 대한 알베르트 아인슈타인 부모님의 혐오는 애초부터 젊은 아인슈타인 부부의 문제거리였고, 나중에 헤어지는 데에도 큰 영향을 끼쳤으리라 생각된다. 코리 부부의 경우도 칼 코리의 부모님은 아들의 결혼에 대해 탐탁지 않아 했다. 며느리가 유대인이라는 것이 아들의 출세에 지장이 있을까봐 두려웠던 것이다. 코리 부부는 미국으로 망명함으로써 이 문제를 해결

했다.

자녀의 출산은 무엇보다 아내들의 삶을 힘들게 만들었다. 그
럼에도 이 책에 소개된 부부 중 출산을 포기한 부부는 단 두 커플
밖에 없었다. 그리고 그것도 아마 자의적인 것은 아니었던 것 같
다. 라이스케 부부의 경우 나이 차가 너무 컸던데다 남편이 결혼
후 금방 병을 얻었기 때문에 어쩔 수 없었고, 노다크 부부의 경우
는 그 이유가 분명히 알려져 있지 않다. 시간을 잡아먹는 아이들이
없었던 이다 노다크의 경우 그녀의 방대한 저작목록이 그녀가 시
간을 주로 어디다 사용했는지를 보여준다. 밀레바 마리치와 클라
라 임머바르, 타타냐 에렌페스트의 말년은 그와 대조적이다. 아이
들과 관련한 많은 부담들, 혼전 임신, 지병, 또는 심각한 장애는 학
문적인 야망을 꺾었을 것이다.

자녀 수는 코리 부부와 미드와 베이트슨, 임머바르와 하버 부
부는 하나, 퀴리와 졸리오-퀴리 부부는 둘, 빙켈만과 키르히, 론즈
데일, 아인슈타인, 뮈르달 부부는 셋이었고, 에렌페스트 부부는
넷, 바시와 베라티 부부는 시대에 맞게 여덟을 두었으나 그 중 다
섯만이 살아남았다.

바시와 베라티의 경우에 있어서 중상류층 시민의 유복한 생
활 여건이, 그리고 퀴리 부부와 에렌페스트, 론즈데일의 경우 조부
모의 도움이 자녀 양육 문제를 해결해 주었고, 가정과 학문이라는

전례 없던 이중의 커리어를 추구하는 데 도움을 주었다. 뮈르달 부부의 아들, 딸이 쓴 책들, 그리고 그 속에 들어있는 부모에 대한 불만은 소위 빛나는 모든 것이 아름답지만은 않다는 것을 보여준다.

그러나 모든 어려움과 고생에도 불구하고 성공적인 학자 부부들은 동등한 관심을 지닌 파트너와 함께 했던 삶이 얼마나 행복했는지에 대해 말하고 있다. 마리 퀴리는 에콜 유니시펠레의 보잘것없는 헛간에서 온갖 고생 끝에 역청 우라늄광으로부터 새로운 원소인 라듐을 분리해 내었던 그 고난의 세월을 자신의 인생 중 가장 행복했던 전성기로 꼽았다. 그때 그녀 일생의 가장 창조적인 시기였고, 남편과 쉬지 않고 식탁과 침대와 일을 공유했던 생산적인 시기였던 것이다.

마리와 피에르 퀴리는 결혼부터 피에르가 사고를 당해 사망할 때까지 12년 동안 공간적으로도 긴밀하게 연결되어 있었다. 그들의 딸 내외도 파리의 라듐연구소에서 만나 5년간 한 연구실에 근무했으며, 이다 타케와 발터 노다크는 36년간 한 지붕 밑에 살았다. 코리 부부는 1차 대전 때와 미국으로 따로따로 망명할 때의 몇 개월을 제외하고는 40년간이나 함께 연구했다. 그렇게 보면 학자 부부의 성공은 그리스 고전 드라마에서와 비슷한 규칙을 따르고 있는 듯이 보인다. 바로 시간과 장소와 플롯의 통일말이다.

옮기고 나서

각자의 일을 가진 평범한 부부가 있다. 그들은 아들 하나를 두었다. 남편에게 저녁 약속이 생긴 날이면, 남편은 퇴근 시간 무렵 아내에게 전화를 걸어 "나 오늘 늦어!"라고 말한다. 한마디면 끝이다. 그러나 아내는 다르다. 한번 저녁 약속을 할라치면 며칠 전부터 연막 작전을 펴야 한다. 남편에게 무슨 일이 있어도 일찍 들어와 달라고 부탁을 하고, 그 날 아이와 남편이 저녁 식사를 어떻게 해결할 것인지도 미리 생각해 둬야 한다. 남편과 저녁 약속이 겹치는 날이면 아이를 어디다 맡길 것인지 골머리를 싸매야 한다.

그렇다. 바야흐로 서기 이천 몇 년. 새 천년이 시작되었어도 별로 달라진 것은 없는 듯하다. 동서고금을 막론하고 기혼 여성이 처한 상황은 비슷해 보인다. 학문을 하든, 다른 직업을 갖고 있든 "아내가 연구실에서 밤을 지새는 것을 아무렇지 않게 생각할 수 있는 남편이 얼마나 되겠는가?"라고 했던 미국의 유전학자 살로메 뷜시의 말이나, "여자가 물리학자가 되는 것은 힘들다. 하물며 기혼 여성이 물리학자가 되는 것은 거의 불가능하다."라고 했던 노벨상 수상자 마리아 괴퍼르트-마이어의 말에 공감하지 않을 여성은 아무도 없을 것이다.

이 책이 흥미로운 것은 학자 부부가 쌓은 학문적인 업적이나 전기적인 사실에 초점을 맞추지 않고 공동 연구라는 안경을 통해 들여다본 부부간의 관계에 초점을 맞추었다는 사실 때문이다. 여성에게 대학 입학조차 허용되지 않았던 시대에 학문의 길을 걷기 위해 나이 든 학자와의 결혼을 감행했던 마리아 빙켈만과 에르네스티네 라이스케 같은 여성들, 그리고 열악한 환경 가운데에서도 억척스런 연구를 통해 빛나는 학문적 업적에 도달했던 노벨상 수상 부부들은 경탄을 자아내게 한다. 결혼과 함께 학문을 포기하려 했던 아내를 독려해 아내를 유명한 학자로 만들고, 집안일을 분담하며 나중에는 아내를 뒷바라지하기 위해 집에 들어앉은 토머스 론즈데일의 삶을 접하면서 미혼 여성들은 "어디 이런 남자 없어?"라고 외칠지도 모르겠다. 그리고 주어진 기회를 선용하지 못하고 주저앉아야 했던 밀레바 마리치와 아인슈타인, 그리고 클라라 임머바르를 보면서는 가슴 한 구석이 저려올 것이다.

이 책을 읽다 보면 언뜻, 여성이 자신의 길에서 성공하는 데는 남편의 배려가 결정적이라는 생각이 든다. 라이스케 부부, 퀴리 부부, 코리 부부, 그리고 론즈데일 부부 등은 남편의 배려가 아름다웠던 케이스다. 요한 야콥 라이스케는 아내를 어엿한 동양학자로 키워냈고 피에르 퀴리는 마리와 학문적 명성을 나누고자 애썼으며, 칼 코리는 아내와 연구를 함께 하기 위해 매력적인 교수직도 마다했다. 또한 토머스 론즈데일은 아내를 위해 기꺼이 "하우스 허즈번드"가 되었다. 하지만 아인슈타인 부부와 하버 부부의 경우 남편들은 옆을 돌아다볼 겨를도 없이 학문에 매진하여 노벨상까지 수상했지만 아내들은 그 옆에서 좌절과 실망을 맛보아야 했다.

그러나 그럼에도 불구하고 남편의 배려보다 훨씬 중요한 것은 여성 자신의 용기와 의지, 그치지 않는 열정이라 할 것이다. 자녀를 낳든 안 낳든, 또 어느 정도 커리어를 쌓은 다음에 자녀를 낳든, 반대로 자녀를 어느 정도 키운 다음에 커리어를 쌓든 그것이 중요한 것은 아닌 것 같다. 변함 없는 열정이 있다면, 또 그 열정을 발휘할 용기를 잃지 않는다면, 포기하지 않는다면 말이다. 저자의 말대로 외적인 상황은 많이 변했고, 지금도 변하고 있지만, 어려움은 여전히 산재해 있다. 결국 아무도 대신해 주지 않는다. 자기 스스로 책임지고 감당해야 할 뿐.

독자들은 이 책으로 "엿보기" 잔치에 초대되었다. "엿보기"는 흥미롭다. 하물며 크든, 작든 역사적 족적을 남긴 학자 부부들의 삶이라면 더욱 그렇다. "엿보기"의 유익은 무엇인가? 그것은 다른 사람의 삶에 자신의 삶을 반추해 보는 것이다. 이 책의 엿보기를 통해 짧지만, 결코 짧지 않은 인생에서 지혜로운 선택을 하는 독자들, 특히 여성 독자들이 많아지기를 바라마지 않는다.

참고 문헌

야심은 성별을 가리지 않는다

Elisabeth Badinter: "Emilie, Emilie. Weiblicher Lebensentwurf im 18. Jahrhundert." München, Zurich 1984

Claudia Honegger, Theresa Wobbe(Hrsg.): "Frauen in der Soziologie. Neun Porträts." München 1998

Jean-Claude Kaufmann: "Schmutzige Wäsche. Zur ehelichen Konstruktion von Alltag." Aus dem Französischen von Andreas Gipper und Mechthild Rahner, Konstanz 1994

Margaret L. King: "Soziologie der Zweierbeziehung. Eine Einfuhrung" Opladen, Wiesbaden 1998

H. J. Mozans: "Woman in Science." Cambridge, Mass., London 1913

Helena M. Pycior, Nancy G. Slack, and Pnina G. Abir-Am (Ed.): "Creative Couples in the Sciences", New Brunswick, New Jersey 1996

Simon Singh: "Fermats letzter Satz. Die abenteuerliche Geschichte eines mathematischen Rätsels." Aus dem Englischen von Klaus Fritz, München, Wien 1998

Dorothy Stein: "Ada. A Life and a Legacy", Cambridge, Mass., London 1985

Wilderich Tuschmann, Peter Hawig: "Sofia Kowalewskaja-ein Leben für Mathematik und Emanzipation." Basel, Boston, Berlin 1993

Harriet Zuckerman, Jonathan R. Cole, John T, Bruer: "The Outer Circle. Women in the Scientific Community." New Haven, London 1992

학문을 위해 결혼을 택하다

남편의 이름으로 발표한 논문 마리아 & 고트프리트 키르히

Lettie S. Multhauf: "Kirch", in : Charles Coulston Gillispie(Ed): "Dictionary of Scientific Biography", Vol. 7, New York 1981, S. 373-374

Londa Schiebinger: "Schöne Geister. Frauen in den Anfängen der modernen Wissenschaft." Aus dem Amerikanischen von Susanne Lüdemann und Ute Spengler. Stuttgart 1993

Margaret Wertheim: "Die Hosen des Pythagoras. Physik, Gott und die Frauen." Aus dem Englischen von Kaein Schuler Karin Miedler und Silke und Silker Egelhof, Zürich 1998

유럽 최초의 여성 교수 라우라 & 귀제페 베라티 43

Beate Ceranski: "Und sie fürchtet sich vor niemandem. Die Physikerin Laura Bassi(1711-1778). " Frankfurt am Main, New York 1996

Andreas Kleinert: "Maria Gaetana Agnesi und Laura Bassi. Zwei italienische gelehrte Frauen im 18. Jahrhundert." in: Willi Schmidt und Christoph J.Scriba: "Frauen in den exakten Naturwissenschaften(1890-1983)", Stuttgart 1990, S. 71-85

유일한 돌파구로 선택한 결혼 에르네스티네 & 요한 야콥 라이스케

Barbara Becker-Cantarino: "Der lange Weg Zur Mündigkeit. Frau und Literatur (1500-1800)", Stuttgart 1987

Anke Bennholdt-Thomsen/Alfredo Guzzoni: "Gelehrsamkeit und Leidenschaft. das Leben der Ernestine Reiske. 1735-1798." München 1992

노벨상을 함께 수상한 부부들

조화와 보완의 승리 마리 & 피에르 퀴리

Ulla Fölsing: "Nobelfrauen. Naturwissenschaftlerinnen im Porträt." 3. Aufl., München 1994

Eve Curie: "Madame Curie", Frankfurt am Main 1952

Ulla Fölsing: "Marie Curie. Wegbereiterin einer neuen Naturwissenschaft.", München 1990

Ulla Fölsing: "Nobelfrauen", a. a. O., S. 29-44

Robert Reid: "Marie Curie", Düsseldorf, Köln 1980

Susann Quinn: "Marie Curie. A Life", New York 1995

이어지는 가문의 영광 이렌 & 프레데리크 졸리오-퀴리

Bernadette Bensaude-Vincent: "Star Scientists in a Nobelist Family: Irène and Frédéric Joliot-Curie." in: Pycior et al.: "Creative Couples in the Sciences", a. a. O.,S. 57-71

Ulla Fölsing:"Nobelfrauen", a. a. O., S. 45-55

Noelle Loriot:"Irène Joliot-Curie", Paris 1991

Francis Perrin: "Joliot Frédéric" und "Joliot-Curie, Irène", ln: Charles Coulston Gillispie(Ed): "Dictionary of Scientific Biography", Vol. 7. New York 1981, S. 151-157 und S. 157-159

동갑내기 의사 부부 게르티 & 칼 코리

Mildred Cohn: "Carl and Gerty Cori: A Personal Recollection", in: Pycior et al. : "Creative

Couples in the Sciences", a. a.O.,S. 72-84

Carl F. Cori: "The Call of Science", in: "Annual Review of Biochemistry" 38/1969, S. 1-20

Ulla Fölsing: "Nobelfrauen", a. a.O.,S. 56-64

Joseph S. Fruton: "Cori, Gerty Theresa Radnitz", In: Charles Coulston Gillispie(Ed):
"Dictionary of Scientific Biography", Vol. 3, New York 1981, S. 415-416

빛이 있으면 어둠도 있다

비극의 마무리, 남편의 자살 타타냐 & 파울 에렌페스트

Hendrik B. G. Casimir: "Haphazard Reality. Half a Century of Science." New York 1983

Albrecht Fölsing: "Albert Einstein. Eine Biographie" Frankfurt am Main 1993

Martin J. Klein: "Paul Ehrenfest. Vol 1. The Making of a Theoretical Physicist."
Amsterdam, Oxford, New York, Tokyo 1970, 1989(Band 2 bis heute nicht erchienen)

Martin J. Klein : "Ehrenfest, Paul: in: Charles Coulston Gillispie (Ed):" Dictionary of
Scientific Biography", Vol 3, New York 1981, S. 292-294

세상을 바구고 싶은 꿈 이다 & 발터 노다크

Otto Bayer et al.: "Walter Noddack", in: "Chemische Berichte", 96/1963, S. X X VII

Fritz Krafft: "Im Schatten der Sensation. Leben und Wirken von Fritz Strassmann.",
Weinheim 1961, S. 314-317

H. Meyer und E. Ruda: "Zum Tode von Walter Noddack", in: "Zeitschrift fur Chemie",
2/1962, S. 33

Ruth Lewin Sime: "Lise Meitner. A Life in Physics", Berkeley, Los Angeles, London 1996

Ferenc Szabadvary: "Noddack, Walter",in: Charles Coulston Gillispie(Ed.): "Dictionary of
Scientific Biography" :, Vol. 10, New York 1981, S. 136

아내를 위해 일을 포기한 남편 캐슬린 & 토머스 론즈데일

Maureen M. Julian: "Kathleen und Thomas Lonsdale. Forty-Years of Spiritual and
Scientific Life Together",In: Helena M. Pycior et al. :" Creative Couples in the Sciences",
New Brunswick, New Jersey 1995, S. 170-181

J. M. Robertson: "Lonsdale, Dame KathleenYadley", "Dictionary of Scientific Biography",
Vol. 8. New York 1981, S. 484-485

천국에서 시작해 지옥에서 끝난 부부들

위대한 천재 옆에서 시들어간 꿈 밀레바 & 알베르트 아인슈타인

Albert Einstein/ Mileva Mari´c : "Am Sonntag Kuss' ich Dich mündlich. Die Liebesbriefe

1897-1903." Hrsg. und eingeleitet von Jürgen Renn und Robert Schulmann, München 1994

Albercht Fölsing: "Albert Einstein. Eine Biographie.", Frankfurt am Main 1994

Ulla Fölsing: "Nobelfrauen". a.a. O., S. 138-145

John Stachel: "Albert Einstein and Mileva Mariʾc A Collaboration That Failed to Develop." in: Pycior et al.: Creative Couples in the Sciences.", a.a. O., S. 207-219

Desanka Trbuhovic-Gjuriʾc: "Im Schatten Albert Einsteins. Das tragische Leben der Mileva Einstein-Mariʾc", Bern, Stuttgart 1988

행복한 시작과 불행한 끝 클라라 & 프리츠 하버

Gerrit von Leitner: "Der Fall Clara Immerwahr. Leben für eine humane Wissenschaft." München 1993

Dietrich Stoltzenberg: "Fritz Haber. Chemiker. Nobelpreisträger. Deutscher. Jude." Weinheim, New york, Basel, Cambridge, Tokyo 1994

Margit Szöllosi-Janze: "Fritz Haber 1868-1934. Eine Biographie." München 1998

Richard Willstatter: "Aus meinem Leben. Von Arbeit, Muβe und Freunden." Weinheim 1949

더 나은 미래를 위해

너무 짧았지만 완벽했던 커플 마거릿 미드 & 그레고리 베이트슨

Pnina G. Abir-Am: "Collaborative Couples Who Wanted to Change the World" in: Pycior et al.: "Creative Couples in the Sciences", a.a. O., S. 267-281

Mary Catherine Bateson: "Mit den Augen einer Tochter. Meine Erinnerung an Marget Mead und Gregory Bateson", Reinbek bei Hamburg 1986

Margaret Mead: "Mann und Weib. Das Verhältnis der Geschlechter in einer sich wandelnden Welt." Stuttgart, Konstanz, Zürich 1955

Margaret Mead: "Brombeerbluten im Winter. Ein befreites Leben." Hamburg 1978

세상을 바꾸고 싶은 꿈 알바 & 군나르 뮈르달

Pnina G. Abir-Am: "Collaborative Couples Who Wanted to Change the World." in: Pycior et al. : "Creative Couples in the Sciences", a.a. O., S. 267-281

Sissela Bok: "Alva Myrdal: A Daughter's Memoir", Boston 1991

Kaj, Fölster: "Sprich, die du noch Lippen hast. Das Schweigen der Frauen und die Macht der Männer -Annäherung an Alva Mydal." Marburg 1993

Jan Myrdal: "Kindheit in Schweden", Marburg 1990: derselbe: "Eine andere Welt", Marburg 1991; derselbe: "Das dreizehnte Jahr", Marburg 1993